KB273434

생각이 자라는
우리 신화

생각이 자라는
우리 신화

초　판 1쇄 발행　2019년 6월 30일
개정판 1쇄 발행　2025년 9월 20일

지은이　신홍엽, 이임정, 정은해, 최혜정
그린이　아우야요

책임편집　도은주

펴낸이　윤주용
편집　류정화, 박미선 | 마케팅　조명구 | 홍보　박미나

펴낸곳　초록비책공방
출판등록　2013년 4월 25일 제2013-000130
주소　서울시 마포구 동교로27길 53 308호
전화　0505-566-5522 | 팩스　02-6008-1777

메일　greenrainbooks@naver.com
인스타　@greenrainbooks @greenrain_1318
블로그　http://blog.naver.com/greenrainbooks

ISBN　979-11-993853-4-4 (43190)

어려운 것은 쉽게 쉬운 것은 깊게 깊은 것은 유쾌하게

초록비책공방은 여러분의 소중한 의견을 기다리고 있습니다.
원고 투고, 오탈자 제보, 제휴 제안은 greenrainbooks@naver.com으로 보내주세요.

생각이 자라는 우리 신화

신홍엽, 이임정, 정은해, 최혜정 지음

초록비책공방

다시 읽는 우리 신화

대부분의 영역에서 영상 매체가 압도하는 세상입니다. 독서 교육을 강조하기가 쉽지 않은 환경에서 《생각이 자라는 우리 신화》를 출간할 수 있도록 도와준 출판사에 감사의 말을 전합니다.

우리는 어렸을 때부터 책이나 애니메이션, 영화를 통해 다양한 신화를 접해왔습니다. 하지만 생각해 보면 우리가 가장 많이 접하는 것은 그리스·로마 신화, 마블의 히어로 이야기 그리고 게임이나 판타지물 속 북유럽 신화입니다. 다른 나라의 신화는 익숙하지만 정작 우리나라 신화에 관해서는 잘 모르는 경우가 많습니다. 이유는 여러 가지입니다. 일제강점기를 거치며 문화가 약탈당하고 전승이 끊긴 영향도 있고, 서양 문물을 맹신하는 사대주의적 사고가 생긴 탓도 있습니다. 게다가 우리 신화가 적극적으로 소비되지 않다 보니 자연스럽게 생산도 위축되는 문화 산업 구조가 만들어진 것입니다.

신화를 읽는다는 것은 인간의 본질을 이해하는 일입니다. 인간의 본성과 인간이 추구하는 가치가 무엇인지 신화를 통해 알 수 있습니다. 신화 속 사건들은 함께 살아가기 위해 지켜야 할 것과 경계해야 할 것을 보여줍니다. 나라마다 문화와 가치가 다르기 때문에 신화는 그 사회의 정신과 세계관을 담고 있습니다.

우리 신화 속 다양한 삶의 모습은 전통적인 문화와 가치들을 살펴보게 하고, 또 현대적인 시각으로 바라보며 더 나은 내일을 생각하게 합니다. 이것은 우리가 추구해야 하는 인간 교육의 본질과 맞닿아 있습니다.

다행히 최근 들어 우리 신화가 여러 방면에서 주목받고 있습니다. 우리 신화를 소재로 한 웹툰이 제작되고, 이를 각색한 영화가 사람들에게 사랑을 받았습니다. 신화 속 인물이 등장하는 애니메이션도 만들어졌습니다. 게임 스토리에 우리 신화가 쓰이기도 하고, 외국인을 위한 한국어 교육 자료로 활용되기도 합니다.

지금이야말로 우리 신화의 '전성기'를 만들 수 있는 적기입니다. 하지만 여전히 다른 나라의 신화를 읽을 때처럼 원전에 관한 관심은 그렇게 높지 않습니다.

《생각이 자라는 우리 신화》는 우리 신화의 원전을 이해하도록 돕는 길잡이입니다. 신화 속 과거의 문화와 의식을 살펴보면서 지금 우리가 고민해야 하는 주제에 대해 생각하도록 안내합니다. 또한 이 책은 청소년 독자를 위해 교과 과정을 바탕으로 '교과 연계 토론·논술 활동'을 마련했습니다. 이를 통해 독자들은 신화에 담긴 다양한 생각을 경험하고, 현대 사회의 일원으로 건강하게 살아가기 위해 필요한 가치가 무엇인지 고민할 수 있습니다. 특히 개정판에는 '2022 개정 교육과정 교과 연계표'를 추가하여 신화 읽기가 청소년 독자의 교과 이해를 어떻게 돕는지 한눈에 알 수 있게 하였습니다.

부록으로 실린 도서 58선은 한국독서문화연구소CURI 연구원들이 수많은 작품을 탐색하고 논의하여 선정했습니다. 선정 기준에서 가장 중요하게 생각한 것은 '원형에 대한 이해'입니다. 우리 신화의 원형이 훼손되지 않고, 연령에 맞게 잘 전달되고 있는지 검토했습니다. 개작된 작품이라면 원래의 가치를 현대의 시각에 맞게 잘 재해석했는지도 살폈습니다.

최근 한국의 전통문화를 담은 다양한 문화 콘텐츠가 한반도를 넘어 전 세계인의 사랑을 받고 있습니다. 신화 소비가 본격적으로 이루어지기 시작한 지 10여 년이 지나면서 우리 신화의 인기는 날로 더해가고 있습니다. 하지만 우리 신화를 교육 현장에서 적극적으로 다루고 있는가에 대해서는 선뜻 대답하기 어렵습니다.

다양한 우리 신화의 원형이 앞으로 더 활발히 복원되고 지켜지기를 바라는 마음을 이 책에 담았습니다. 또한 다음 역사의 주역인 우리 아이들이 교육 현장에서 충분히 우리 신화를 접하고 즐길 수 있기를 바라는 마음도 담았습니다.

민족의 힘은 곧 문화의 힘입니다. 민족 정신의 뿌리인 우리 신화를 남녀노소 모두가 즐길 수 있으면 좋겠습니다. 그리하여 전 세계가 K-신화로 북적이길 기대해 봅니다.

우리 신화 공간 지도

천하궁
동경국
김치고을
기러기강
해동국
동해 바다
소진뜰
황산들
지하궁
명진국

차 례

1부

세상의 문을 여는
신들의 이야기

세상이 처음 생겨난 이야기
창세가

세상을 살다 보면 이런 질문은 꼭 한 번쯤 해봅니다.

'나는 누구일까?'

'나는 어디에서 왔을까?'

이런 질문이 꼬리에 꼬리를 물고 이어지다 보면 결국 '세상은 어떻게 생겨난 것일까?'라는 생각에 닿게 됩니다.

하늘과 땅이 생겨난 이야기, 동물과 식물이 생겨난 이야기, 인간이 생겨난 이야기, 물과 불이 생겨난 이야기 등 우리가 알고 있는 '세상이 처음 생겨난 이야기'는 대부분 서양의 《성경》 가운데 〈창세기〉에 나온 내용입니다. 세상이 말씀으로 창조되고, 흙을 빚어 인간을 만들었다는 이야기 말입니다.

"그러면 우리에게도 세상이 처음 생겨난 이야기가 있나요?"라는 질문이 떠오를 수 있습니다. 물론 우리나라에도 세상이 처음 생겨난 이야기가 전해 내려오고 있습니다. 어둠 속에서 하늘과 땅이 생겨난 이야기, 우리나라 최초의 신에 관한 이야기, 물과 불의 근원을 찾는 이야기, 인간이 생겨난 이야기 그리고 나중에 나타난 또 다른 신이 인간 세상을 차지하는 이야기 등 흥미로운 이야기가 많습니다.

여러분은 '세상을 만든 신'이라고 하면 어떤 모습이 떠오르나요? 아무것도 없는 깜깜한 어둠에서 빛으로 나타난 신이 말만 하면 하늘과 땅이 생기고 물과 불을 만들어내는 그런 전능한 창조신일까요? 하지만 우리 창세 신화는 무無에서 창조하는 것이 아니라 신이 나타나서 이미 있던 것을 분리하고 우주적 질서를 찾아가는 과정을 담고 있어 매우 흥미롭습니다.

지금부터 들려드릴 이야기는 김쌍돌이 구연의 〈창세가〉입니다. 사학자이자 민속학자인 손진태에 따르면 우리나라에 전해 내려오는 유일한 창조 설화라고 합니다.

우리 창세 신화는 하늘과 땅이 분리되는 장면에서 시작됩니다. 처음 세상은 어디까지가 하늘이고 어디부터가 땅인지 알 수 없는, 하늘과 땅이 하나로 붙어있는 상태였습니다.

그때 거대 신(미륵)이 나타나 하늘과 땅을 갈라놓고 다시는

붙지 않도록 사방에 구리 기둥으로 세워 하늘을 받쳤습니다. 이 이야기는 중국의 창세 신화와도 비슷합니다.

하늘에는 해와 달이 각각 두 개씩 있었는데 거대 신은 해 하나를 떼어 큰 별과 작은 별을 만들고, 달 하나를 떼어 북두칠성과 남두칠성을 만들었습니다. 또 하늘과 땅, 그 사이의 공간을 만들어 그곳에서 살아갈 생명들이 변화무쌍하게 살 수 있도록 터전을 마련했습니다.

그렇다면 거대 신의 모습은 어땠을까요? 옷을 만들어 입는 과정과 식사량에 대한 묘사를 보면 그의 크기를 짐작할 수 있습니다.

상상만 해도 재미있는 장면입니다. 거대 신이 하늘 아래 베틀을 놓고 구름 속에 잉앗대를 걸어 옷감을 짰습니다. 산과 들을 덮을 만큼 넓은 옷감을 짜서 옷을 해 입었다니 그 크기가 얼마나 컸을지 짐작이 됩니다.

그는 몇 말 몇 섬을 먹어도 배가 차지 않았습니다. 한 말은 8kg이고, 한 섬이 144kg입니다. 이 장면을 통해 거대 신의 면모뿐만 아니라 조상들이 어떻게 옷을 만들었는지 그리고 생쌀을 먹어 배가 차지 않는 경험을 통해 음식을 익혀 먹게 된 이유도 알 수 있습니다. 즉, 이 이야기는 '입는 것'과 '먹는 것'이라는 인간 문화의 시작을 상징적으로 보여줍니다.

그렇다면 음식을 익혀 먹으려면 무엇이 필요할까요? 물과 불이 필요하겠죠. 우리 신화에서는 거대 신이 밥을 해 먹기 위해 물과 불을 찾는 장면이 나옵니다. 흥미롭게도 그는 풀메뚜기, 풀개구리, 쥐에게 물어 물과 불의 근원을 찾습니다.

신이라면 모든 것을 알고 있을 것 같지만 거대 신은 작은 생물에게 물어보고 때로는 종아리를 때려 답을 얻으려고 합니다. 결국 쥐에게 세상의 뒤주(곡식 창고)를 주는 대가로 물과 불이 있는 곳을 알아냅니다.

물과 불을 찾은 거대 신은 인간을 만듭니다. 그렇다면 인간은 어디에서 왔고 무엇으로 만들어졌을까요?

한 손에 금쟁반을 들고 다른 한 손에 은쟁반을 들고 하늘에 빌었어.
그랬더니 하늘에서 벌레가 떨어져
금쟁반에 다섯 마리 은쟁반에 다섯 마리 떨어지더래.
미륵님이 그 벌레 열 마리를 정성으로 길렀더니
벌레들이 자라나서 금벌레는 남자가 되고 은벌레는 여자가 됐어.
그 다섯 쌍이 부부 되어 자식을 낳으니 세상 사람이 생겼더라.

인간은 다른 생명체와 달리 신의 뜻에 따라 하늘에서 내려온 특별한 존재입니다. 금빛과 은빛은 해와 달의 기운을 받아 빛나는 것을 의미하며, 우리 조상들은 인간이 신성한 존재라고 믿었습니다. 또 벌레가 자라 인간이 된 이야기는 조상들의 진화론적 관점을 엿볼 수 있게 합니다.

이렇게 우리 창조신은 자연 세계 그 자체보다 '인간과 생물이 살아가는 공간'을 만든 신이었습니다.

하지만 어느 날, 나중에 온 신(석가)이 거대 신에게 도전장을 내밉니다. 인간 세상을 차지하겠다고 내기를 건 것입니다.

첫 번째 내기는 바다로 나가 병에 줄을 매단 뒤 먼저 줄이 끊어지면 지는 시합이었고, 두 번째 내기는 강물을 먼저 얼리는 시합이었습니다. 거대 신이 두 번 모두 이겼지만 나중에 온 신은 마지막 한 번만 더 내기하자고 합니다.

마지막 내기는 꽃을 먼저 피우는 시합이었습니다. 거대 신이 먼저 꽃을 피웠지만 나중에 온 신이 꽃을 몰래 꺾어 제 무릎에 꽂았습니다. 결국 속임수를 쓴 나중에 온 신이 인간 세상을 차지합니다. 분노한 거대 신은 저주를 퍼붓고 떠납니다.

축축하고 더러운 석가야.
너 세상이 될라치면 대문마다 솟대 서고
가문마다 기생 나고, 가문마다 과부 나고
가문마다 무당 나고, 가문마다 도적 나고
가문마다 백정 나고

이 저주는 이후 인간 세상에 닥칠 불행과 혼란을 예언합니다. 또한 인간 세상을 혼란스럽게 만든 장본인이 나중에 온 신임을 드러냅니다. 부당한 방식이라 하더라도 최종적으로 승리한 신이 인간 세상을 다스리게 되었다는 내용에서 우리는 윤리적이나 도덕적 잣대보다는 최종적인 승리의 쟁취를 중요하게 여겼다는 것을 알 수 있습니다. 신의 영역에서는 무엇이 선이고 악인지 구분하여 생각해서는 안될 것입니다.

〈창세가〉를 통해 우리는 인간 창조만 아니라 해와 달, 별의 운행, 동물에 관한 인식, 물과 불의 근원 등 다양한 세계 질서를 알 수 있습니다.

여러분은 이 이야기를 통해 지금은 어려워도 각자 자리에서 스스로를 가꾸며, 모두가 힘을 모아 살기 좋은 세상을 만들어가길 바랍니다.

우리 신화와 함께하는 토론·논술 활동

다음 자료는 초·중·고등 교과와 연계해 논술 및 토론 활동에 활용할 수 있습니다. 문제의 난이도와 교과 수준에 맞추어 선택해 활용하세요.

1 난이도 ★, 초등 국어

〈창세가〉는 세상이 처음 생겨난 이야기를 담고 있습니다. 세계 각국에도 그 민족 고유의 창조 신화가 전해집니다. 여러분이 알고 있는 창조 신화를 친구들에게 들려주세요.

(예: 중국, 일본, 이집트, 마야 문명의 창조 신화 등)

2 난이도 ★★, 중등 과학

〈창세가〉에는 거대 신이 별을 만드는 장면이 나옵니다. 그는 해를 떼어 큰 별과 작은 별을 만들고, 달을 떼어 북두칠성과 남두칠성을 만들었습니다. 이 이야기를 들으면 '정말일까?'라는 생각이 들 수 있습니다. 그렇다면 여러분이 알고 있는 별의 탄생과 죽음에 관해 이야기해 봅시다.

3   난이도 ★, 초등 국어

거대 신이 완전한 존재라면 나중에 온 신의 도전을 막을 수 있었
을 것입니다. 하지만 거대신은 부정한 방법으로 승리한 나중에
온 신에게 화를 내고 인간 세상을 저주하며 떠났습니다. 여러분
은 거대 신의 행동을 어떻게 생각하나요?

4   난이도 ★★, 중등 국어

창세 신화는 '세상이 어떻게 만들어졌는지' 설명하기 위해 만든
이야기입니다. 세상의 처음을 직접 본 사람은 없었지만 사람들
은 오랫동안 입에서 입으로 〈창세가〉를 전해왔습니다. 그 이유
는 무엇일까요?

5   난이도 ★★, 중등 국어

거대 신과 나중에 온 신은 인간 세상을 차지하기 위해 세 번의
내기를 합니다. 각 내기가 무엇을 의미하는지 이야기해 봅시다.

> 첫 번째 내기, 바다로 나가 병에 줄을 매달고 먼저 줄이 끊기면 지는 시합
>
> 두 번째 내기, 강물을 먼저 얼리는 시합
>
> 세 번째 내기, 꽃을 먼저 피우는 시합

우리나라의 〈창세가〉는 창조론과 진화론 중 어떤 관점에 더 가까울까요? 그 이유를 근거와 함께 서술해 봅시다.

창조론 ┃ 인간, 삶, 지구, 우주가 신의 의지적 작정과 섭리 그리고 개입에 의한 기원을 가지고 있다고 주장하는 사상이다. 이 개입은 완전한 무에서의 창조일 수도 있고, 이전에 있던 혼돈에 질서를 부여하고 기존의 물질을 사용한 이차적인 창조도 포함된다.

진화론 ┃ 진화는 생물 집단이 여러 세대를 거치면서 변화를 축적해 집단 전체의 특성을 변화시키고 나아가 새로운 종의 탄생을 야기하는 관찰된 자연 현상이라고 본다.

저승과 이승을 다스리는
대별왕과 소별왕

우리 신화에서 태초의 사람이 태어나 살던 곳은 어땠을까요?《성경》에 나오는 에덴동산처럼 먹을 것이 풍부하고 선악이 구분 없는 평화로운 곳이었을까요? 그러나 우리 신화 속 사람들은 에덴동산과는 정반대의 환경에서 살았습니다.

해와 달이 두 개여서 여름에는 뜨겁고, 겨울에는 얼어붙을 듯 추웠습니다. 애써 키운 곡식은 마르고 시들어 항상 먹을 것이 부족했습니다. 게다가 무섭고 포악한 수명장자가 사람들을 괴롭혀 평화로운 세상은 아니었습니다.

그런 수명장자를 하늘의 천지왕도 어찌하지 못했다고 합니다. 얼마나 대단한 인간이기에 신조차 두 손 두 발을 들었을까요? 그가 어떤 인물인지 궁금하지 않나요?

천지왕도 어찌하지 못한 수명장자에 맞서 인간 세상의 질서를 바로잡은 인물이 있었으니 바로 대별과 소별입니다. 이 두 인물이 어떻게 태어나 자라서 인간 세상의 법도와 저승의 법도를 세웠는지 이야기를 통해 살펴봅시다.

〈천지왕본풀이〉는 제주에서 전해 내려오는 창세가의 하나로 저승을 다스리는 대별왕과 이승을 다스리는 소별왕 이야기를 담고 있습니다. 이 이야기를 하려면 먼저 세상의 모든 것이 처음 생겨난 이야기부터 시작해야 합니다. 하늘과 땅, 해와 달 그리고 인간이 어떻게 생겨났는지 말입니다.

앞에서 살펴본 육지의 〈창세가〉와 제주도의 〈천지왕본풀이〉를 비교해 무엇이 비슷하고, 무엇이 다른지 살펴보는 것도 의미 있을 것입니다.

태초에 인간 세상은 혼란스러웠습니다. 하늘에 두 개의 해와 달이 있어 사람들은 더위와 추위 그리고 굶주림에 시달렸습니다. 귀신과 산 사람 구분 없이 대화를 나누고 새와 짐승, 꽃과 나무도 말을 했습니다.

여러분은 귀신이나 자연의 생물과 이야기를 나눌 수 있다면 어떨 것 같나요? 재미있을 것 같다고요? 하지만 천지왕이 보기에는 인간 세상이 혼란스럽게 보였을 겁니다. 무질서한 세상은 신에게도 큰 걱정거리였죠.

그러나 천지왕에게는 이보다 더 큰 걱정거리가 있었습니다. 바로 사람들을 괴롭히는 수명장자였습니다. 그는 사나운 짐승들을 거느리며 사람들의 곡식을 모조리 빼앗아 갔습니다. 식량은 늘 부족했고, 어떤 사람들은 굶어 죽기도 했습니다. 짐승도, 사람도, 귀신도 두려워하지 않는 자가 바로 수명장자였습니다.

천지왕조차 그를 어찌할 수 없었습니다. 머리에 쇠 그물과 철망을 씌워 벌을 내려도 그는 살려달라고 빌기는커녕 종에게 도끼로 자신의 머리를 내리치라고 할 정도였습니다. 결국 천지왕은 그를 살려주고 돌아섭니다.

왜 신은 이런 악한 인간을 그냥 두었을까요? 오늘날의 시각으로 보면 수명장자는 분명 악인이지만 신화시대에는 아직 선과 악을 구분하지 않았고, 신이 인간의 일에 깊이 개입하지도 않았던 것으로 보입니다. 선악의 구별은 대별왕과 소별왕이 인간 세상의 법과 저승의 법을 세운 뒤에야 생겼습니다.

이제 대별왕과 소별왕 이야기를 해보겠습니다.

대별왕과 소별왕의 아버지는 하늘의 왕인 천지왕입니다. 그는 악명 높은 수명장자를 잡으러 인간 세상에 내려왔다가 총명 아기씨를 만나 부부의 연을 맺습니다. 하늘과 땅의 결합이었죠. 태초에 하늘과 땅이 하나였듯이 하늘의 신과 땅의 인간이 결혼하는 일은 그리 특별하지 않았습니다.

부부의 연은 사흘뿐이었고, 천지왕은 아내를 인간 세상에 두고 하늘로 돌아갔습니다. 그는 형제의 이름(대별과 소별)만 남기고 증표로 박씨 두 알과 옥 빗 반쪽을 주고받았습니다.

시간이 흘러 쌍둥이 형제가 태어났습니다. 열두 살이 되었을 때 친구들에게 '아비 없는 자식'이라 놀림을 받은 두 아들은 어머니에게 아버지 이야기를 듣고 그를 찾아 하늘로 올라갑니다. 천지왕이 주고 간 박씨를 심어 자란 줄기를 타고서 말이죠.

아버지를 찾아온 쌍둥이에게 천지왕은 증표를 보여달라고 합니다. 반쪽 옥 빗을 내보이자 그는 쌍둥이를 자기 아들로 인정하고 부자는 상봉합니다. 그러나 기쁨도 잠시, 천지왕은 두 아들에게 땅에 가서 해야 할 일을 맡깁니다.

그것은 하늘에 떠 있는 두 개의 해와 달을 조정하는 것이었습니다. 천지왕에게 받은 천 근의 무쇠 활과 화살로 대별은 해를, 소별은 달을 하나씩 없앴습니다. 하늘에서 부서진 해는 동쪽의 별이 되었고, 달은 서쪽의 별이 되었습니다. 이렇듯 두 아들은 무사히 맡은 임무를 수행했습니다.

천지왕은 처음 만난 아들들에게 왜 활쏘기를 시켰을까요? 활쏘기는 원시 수렵민 세계관에서 최고의 능력자를 가리는 방법입니다. 고구려의 건국 왕이 명사수였음을 떠올리면 이해할 수 있습니다.

　대별왕과 소별왕 이야기는 혼란한 사회에서 문제를 해결하는 영웅의 모습과 치열한 도전 정신을 보여줍니다.

　해와 달을 조정한 뒤 두 형제는 이승과 저승의 주인이 되기 위해 대결을 벌입니다. 천지왕은 큰아들 대별에게 이승을 맡기려 했지만 소별은 형이 차지한 이승을 빼앗고 싶어 했습니다. 형제는 수수께끼 시합과 꽃 피우기 시합으로 승부를 겨루었습니다.

대별과 소별의 수수께끼 시합을 한번 볼까요?

"아우야. 어떤 나무는 사철 푸르고 어떤 나무는 가을이 되면 잎이 진다. 그게 무슨 까닭이냐?"

"형님아, 마디가 짧은 나무는 잎이 늘 푸르고 속이 빈 나무는 잎이 떨어집니다."

"아우야, 그런 말 말아라. 청대, 조릿대는 마디마디 속이 비어도 잎이 지지 않는다."

"아우야, 무슨 까닭에 동산의 풀은 잘 자라지 않고 우묵한

곳의 풀은 잘 자라느냐?"

"형님아, 봄이 되어 비가 내리면 동산의 흙은 우묵한 곳으로 흘러내리니 우묵한 곳에는 풀이 잘 자라는 겁니다."

"아우야, 그런 말 말아라. 그렇다면 사람에 빗대어 보자. 왜 높은 쪽인 머리털은 길게 자라고 낮은 쪽인 발등에 난 털은 짧은 것이냐?"

수수께끼 시합에서 소별은 끝내 대별의 질문에 답을 하지 못해 패했습니다.

꽃 피우기 시합 날, 대별이 정성껏 키워 가꾼 싱싱한 꽃을 소별이 몰래 바꿔치기해 승리하자 이승은 소별의 차지가 되었습니다.

수수께끼 시합은 지혜를, 꽃 피우기 시합은 생명을 키우는 힘을 시험하는 상징이었을 것입니다.

대별은 소별에게 이승을 내주며 이렇게 말했습니다.

"아우 소별아, 네가 이승법을 차지하면 인간 세상에 살인, 역적, 도둑이 많아질 것이다. 남자는 자기 아내 놓아두고 남의 아내를 탐내는 이가 많고, 자기 남편 놓아두고 남의 남편 그리워하는 이가 많아질 것이다. 나는 저승법을 세우리라. 저승법은 맑고 청량한 법이니라."

어디서 많이 본 장면 같지 않나요? 〈창세가〉에서 거대 신과 나중에 온 신이 인간 세상을 차지하기 위해 다투는 장면과 닮았습니다. 나중에 온 신이 편법으로 인간 세상을 차지하는 모습은 소별왕과 겹치고, 인간 세상을 빼앗기고 저주를 퍼부으며 떠나는 거대 신은 대별왕과 겹칩니다.

이처럼 눈에 빤히 보이는 사기 수법으로 이승을 차지한 소별왕은 과연 이승을 잘 다스렸을까요? 그가 차지한 이승은 무질서와 혼란으로 가득했습니다. 초목과 새, 짐승들이 사람의 언어로 말하고, 귀신과 산 사람이 서로 부르고 대답하는 광경이 벌어졌습니다. 이를 본 소별왕은 혼란을 수습할 방법이 도무지 떠오르지 않았습니다.

결국 그는 대별왕을 찾아가 이승이 버겁다며 혼란을 바로잡아 달라고 애원했습니다. 대별왕은 소나무 껍질 가루를 뿌려 모든 금수와 초목의 혀를 마비시켜 말을 못 하게 하고, 사람과 귀신을 구분하기 위해 저울로 무게를 재어 백 근이 넘으면 인간 세상으로, 모자라면 귀신으로 처리했습니다. 그러나 대별왕은 이 이상의 일은 돕지 않았고, 그로써 우주와 자연의 질서는 제자리를 찾게 되었습니다.

이후 소별왕은 천지왕도 어찌 못하던 수명장자를 붙잡아 벌을 내렸습니다. 그는 수명장자의 살과 뼈를 갈아 허공에 뿌렸고, 그것은 수천수만 마리의 파리와 모기 그리고 빈대와 벼룩으로 변해 세상 곳곳에 흩어졌다고 합니다. 소별왕은 수명장자를 징벌하면 인간 세상이 평안해질 것이라 믿었지만 수명장자는 죽어서도 해충이 되어 인간을 끝까지 괴롭혔습니다. 이는 힘으로 다스리던 원시 사회에서 지혜와 권력으로 다스리는 문명사회로 전환되는 과정에서 나타나는 불완전함을 상징합니다.

'이승에서 착하게 살고 덕을 베풀면 죽어 천당 간다'는 옛말이 있듯이 대별왕은 고통스럽고 불쌍하게 살아온 사람들을 가엾게 여겨 저승에서 따뜻하게 보살핍니다. 이승에서 고생하며 눈물로 세월을 보낸 이들도 저승에 가면 대별왕의 위로를 받으며 눈물을 닦습니다. 이렇듯 저승은 누구에게나 공평합니다. 저승법은 언제나 맑고 곧기 때문입니다.

대별왕은 지혜롭고 생명도 살려내는 능력까지 갖추었지만 이승을 다스릴 수 없다는 사실이 안타깝습니다. 그러나 다행히도 부조리와 고통 속에서 힘겹게 살아온 사람들이 저승에 가면 대별왕이 그 상처를 어루만지고 다시 생명을 불어넣어 주기에 우리는 죽은 뒤의 삶에서 구원과 희망을 꿈꿀 수 있습니다.

대별왕과 소별왕 이야기는 세상이 어떻게 존재하며, 우리가 이 세상을 어떻게 살아가야 하는지에 관해 깊이 생각하게 만듭니다.

우리 신화와 함께하는 토론·논술 활동

다음 자료는 초·중·고등 교과와 연계해 논술 및 토론 활동에 활용할 수 있습니다. 문제의 난이도와 교과 수준에 맞추어 선택해 활용하세요.

1   난이도 ★, 초등 국어

이승은 우리가 현재 살고 있는 세상을 말합니다. 저승은 사람이 죽은 뒤 혼이 가서 사는 세상입니다. 죽어야만 갈 수 있는 저승은 지옥과 극락으로 나뉘는데 이승에서 죄를 짓지 않고 살아야 극락으로 가고, 그렇지 않으면 지옥으로 간다고 합니다. 그렇다면 이 이야기 속 저승은 어디에 있으며, 어떤 모습일지 상상해 봅시다.

2   난이도 ★, 초등 국어

편법으로 이승을 다스리게 된 소별왕 대신 천지왕이 정한 대로 대별왕이 이승을 다스리고 소별왕은 저승을 다스린다면 이승과 저승은 어떤 모습일지 상상해 봅시다.

3

소별왕과 대별왕은 이승을 차지하기 위해서 수수께끼 시합과 꽃 피우기 시합을 합니다. 수수께끼 시합은 '지혜'를, 꽃 피우기 시합은 '인재를 키우는 능력'을 상징합니다. 21세기 리더가 되기 위해 지혜와 인재를 키우는 능력 중 어느 쪽이 더 중요하다고 생각하나요? 이유를 들어 이야기해 봅시다.

사나운 동물들을 다스려 사람들의 식량을 빼앗고 위협하는 수명장자에게 천지왕은 징벌을 내리지 못합니다. 우리는 흔히 신이라면 무엇이든 할 수 있다고 생각하는데 왜 신이 인간 세상에 간섭하지 않는 걸까요? 그 이유에 관해 이야기해 봅시다.

우리나라의 창세 신화 〈천지왕본풀이〉와 건국 신화(고구려, 신라, 백제)를 살펴보고, 서로 어떤 점이 비슷하고 어떤 점이 다른지 비교해 봅시다.

제주를 지키는
설문대 할망

제주를 보면 섬 전체가 그림 같고, 마치 박물관 같다는 생각이 듭니다. 한라산, 성산일출봉, 거문오름 등 제주의 자연은 그 자체만으로도 충분히 박물관이라 할 수 있습니다. 야생 동식물의 보고이며, 화산 분출로 인한 다양한 토질이 절경을 이루고 있습니다.

아름다운 제주를 바라보고 있으면 제주의 자연을 만든 신이 누구인지 궁금해지고 정말 대단하다는 생각이 듭니다. 한라산은 어떻게 만들어졌으며, 작은 오름들은 어떻게 생겨났을까요? 제주 주변의 크고 작은 섬들은 또 어떻게 생겨났을까요?

제주에는 우리의 창조 여신 '설문대 할망' 이야기가 전해집니다. 이 이야기는 육지와 다른, 제주만의 독특한 자연환경에 꼭 맞추어 존재하는 전설이라 생각됩니다.

　제주도 한가운데 우뚝 선 한라산은 마치 엄마의 품처럼 제주를 따뜻하게 안고 있는 듯합니다. 봉긋봉긋 솟아있는 오름들도 인상적입니다. 옹기종기 모여있는 오름이 있는가 하면 떨어져 홀로 서 있는 오름도 있습니다.

　한라산과 수많은 오름은 설문대 할망이라는 거대한 여신이 만들었다고 합니다. 전해지는 이야기에 따르면 할망이 한라산을 베개 삼아 누우면 다리가 제주 앞바다의 관탈섬에 걸쳐졌다고 합니다. 설문대 할망이 얼마나 거대한지 가늠이 되나요? 참고로 관탈섬은 제주도와 추자도 사이에 있는 무인도입니다.

　설문대 할망이 치마폭에 흙을 담아 날라 한라산을 만들었습니다. 그러다 보니 하늘에서 입고 내려온 날개옷이 차츰 낡아 구멍이 난 틈으로 흙이 새어 나와 지금의 오름이 생겼다고 합니다.

한라산을 완성한 뒤 설문대 할망은 자신의 작품을 바라보다 산봉우리가 너무 뾰족하다고 생각했습니다. 그래서 주먹으로 가볍게 봉우리를 톡 치니 움푹 파였고, 그 자리가 백록담이 되었다고 합니다.

제주 동쪽 바다에는 소가 누워 있는 듯 보인다고 하여 소섬 또는 우도라고 불리는 섬이 있습니다. 우도가 생긴 내력도 들려드릴까요?

한라산을 다 만든 설문대 할망은 오줌이 마려워졌습니다. 한 발은 식산봉에, 다른 한 발은 성산일출봉에 딛고 앉아 힘차게 오줌을 누었는데 그 줄기가 워낙 세서 제주도의 한 귀퉁이가 떨어져 나가 우도가 되었고, 패인 골짜기에는 바닷물이 가득 차 바다가 되었다고 합니다.

우리가 잘 아는 홍수 신화 '노아의 방주'는 신이 인간에게 분노해 생명을 파괴하고 인류에게 징벌을 내리는 데 초점이 있습니다. 그러나 설문대 할망 이야기에서 제주도의 한 귀퉁이를 오줌으로 날려버린 장면은 파괴적이면서도 동시에 바다를 창조하는 성격을 지니고 있습니다.

우리 선조들은 설문대 할망의 오줌 누기를 단순한 배설 행위가 아니라 세상의 소금을 품은 바다를 만드는 창조 행위로 보았습니다.

섬사람들은 설문대 할망에게 부탁했습니다. 섬과 육지 사이에 바다가 있어 불편하니 다리를 만들어달라고요. 다리를 놓아주면 명주로 옷 한 벌을 지어 바치겠다고 약속했습니다.

설문대 할망은 마을 사람들의 간청을 생각하며 바닷가로 나가 섬 북쪽 바닷가 여울목에 큰 바윗돌을 놓았습니다. 다리를 만드는 것은 마음만 먹으면 얼마든지 가능한 일이었지만 마음이 영 내키지 않았습니다. 바다와 섬의 완벽한 조화를 깨뜨리는 일 같았기 때문입니다. 그래서 다리 놓기를 그만두었습니다.

또 다른 이야기에서는 마을 사람들이 명주 백 동 대신 하나가 부족한 아흔아홉 동으로 옷을 만들어 바치자 약속을 어겼다며 다리 놓기를 중단했다고 전합니다.

이 '놓다 만 다리'는 현재 한림, 조천, 모슬포 세 지역의 지형과 닮았다고 합니다.

설문대 할망이 사람들에게 속옷을 요구했다는 이야기도 있습니다. 이는 전해 내려오면서 여신의 신성성이 사라지고 세속적, 성적 이미지가 덧붙여진 것으로 보입니다. 신화가 전설로, 전설이 민담으로 변하면서 본질이 훼손된 것이죠.

그러나 명주옷이든 속옷이든 그 차이는 중요하지 않습니다. 결국 제주 사람들의 염원인 육지와 섬을 잇는 다리는 완성되지 않은 채 이야기가 끝납니다.

섬사람들이 옷을 만드는 의미는 다양합니다.

첫째, 설문대 할망이 요구한 명주 백 동과 제주 사람들이 마련할 수 있는 아흔아홉 동은 인간이 신을 넘어설 수 없다는 '절대 건널 수 없는 경계'를 상징합니다.

둘째, 당시 거대 여신의 옷을 만들려면 초인적인 힘과 노력이 필요했습니다. 직조와 재봉 기술이 발달하지 않았던 시절, 이는 사람이 감당하기 어려운 과제였습니다.

셋째, 섬사람들이 모아 바친 명주 옷감을 보고 설문대 할망은 슬퍼졌습니다. 강요에 의해 억지로 내놓은 것임을 알았기 때문입니다. 정성과 마음이 빠진 옷은 지을 수 없었던 것이죠.

설문대 할망은 하늘에서 내려와 날개옷을 입고 있었습니다. 하늘의 옷은 세상의 옷감으로 만들 수 없는 것이며, 신은 인간이 범접할 수 없는 존재임을 뜻합니다.

제주의 신천리와 하도리에서는 지금도 해마다 새 옷을 지어 '당신 할망'에게 바치는 풍습이 있습니다. 마을 당에 가면 신이 깃든 나무에 곱게 지은 한복을 입혀둔 모습을 볼 수 있습니다.

그렇다면 할망이 놓아주려다 만 다리에서 육지는 어디이며 다리가 상징하는 것은 무엇일까요?

제주 민요 '이어도 사나'에는 제주 사람들의 고된 삶과 이상향을 향한 마음이 담겨있습니다. 전설에 따르면 어부들이 죽으면 간다는 환상의 섬 '이어도'는 무릉도원 같은 땅, 언젠가는 꼭 가보고 싶은 땅이었습니다. 이어도가 바로 제주 사람들이 염원하던 육지가 아니었을까요?

이야기의 끝에서 설문대 할망은 물장오리에 빠져 죽습니다. 자신의 키보다 더 깊은 곳이 있는지 시험하다가 깊은 물에 빠졌다는 이야기도 있고, 500명의 아들에게 죽을 끓여주다가 실수로 솥에 빠졌다는 이야기도 있습니다. 또 다른 전승에서는 다리를 만들어주지 않은 것에 대한 섬사람들의 원망이 할망을 아프게 하여 상처를 치유하려고 물장오리에 들어갔다고 합니다. 그리고 생명의 물속으로 스며들어 제주 땅과 하나가 되어 섬이 되었다고 전합니다.

왜 제주 전설에서는 여신을 '죽음'으로 마무리했을까요? 신이라면 영원불멸한 존재일 텐데 말입니다. 혹시 '신은 남성'

이라는 고정관념이 설문대 할망의 죽음을 만들어낸 건 아닐까요?

그러나 신에게 죽음이란 없습니다. 형태만 바뀔 뿐입니다. 물장오리에서 설문대 할망은 생명의 물로 변했습니다. 물은 생명이자 여성성의 상징입니다. 물장오리는 부정한 자가 접근하거나 큰 소리를 내면 금세 안개가 껴 돌아가는 길을 잃는다고 합니다. 그만큼 신성한 장소입니다.

설문대 할망은 제주도의 창조자이자 곧 제주 땅 그 자체입니다. 어쩌면 지금도 한라산을 베개 삼아 길게 누운 채 꿈을 꾸고 있을지도 모릅니다.

혹시 제주를 여행한다면 사라진 창조 여신 설문대 할망의 자취를 꼭 한 번 따라가 보시기 바랍니다.

우리 신화와 함께하는 토론·논술 활동

다음 자료는 초·중·고등 교과와 연계해 논술 및 토론 활동에 활용할 수 있습니다. 문제의 난이도와 교과 수준에 맞추어 선택해 활용하세요.

1

난이도 ★, 초등 국어

제주 올레길은 총 21코스로 이루어져 있으며 각 코스가 연결되어 제주도를 한 바퀴 돌 수 있다고 합니다. 한 코스를 걸어서 완주하는 데 대략 5~6시간 이상 걸린다고 하니 제주도가 얼마나 큰지 짐작이 가나요? 설문대 할망은 이렇게 큰 제주도를 만든 창조신이자 거대한 몸집을 지닌 여신입니다. 설문대 할망이 얼마나 큰지 상상해 보고 그림으로 표현해 봅시다.

설문대 할망은 엄청나게 키가 큰 여신이었어요. 빨래할 때는 한라산 백록담에 걸터앉아 왼쪽 다리는 관탈도에, 오른쪽 다리는 서귀포 앞바다 지귀도에 두고, 성산일출봉을 바구니 삼고, 우도를 빨랫돌 삼아 빨래했대요. 또 성산일출봉 기슭에 있는 촛대 모양 등경돌 바위에 등잔을 올려놓고 바느질했다고 해요.

'할망'이라는 말은 오늘날의 '할머니'를 뜻하는 것이 아니라 '한+어미', 즉 '큰 어머니'라는 뜻입니다. 설문대 할망의 모습 중 '거대한 몸집'과 '세찬 오줌발'이 상징하는 바는 무엇인지 이야기해 봅시다.

	내 생각	친구들의 생각
거대한 몸집		
세찬 오줌발		

제주 사람들은 설문대 할망에게 육지로 갈 수 있는 다리를 만들어달라고 부탁했습니다. 이에 대한 설문대 할망의 태도는 신의 영역과 인간의 영역을 구분하는 의미를 지닙니다. 과학이 발전하면서 인간이 신의 영역에 도전하는 사례를 찾아봅시다.

4 난이도 ★★, 중등 사회

설문대 할망의 '오줌발'처럼 거대한 오줌발을 가진 역사 속 여인이 있습니다. '오줌이 바다를 이루는 꿈'과 관련된 역사 기록을 살펴보고 이러한 꿈에 선조들의 어떠한 세계관이 담겨있는지 이야기해 봅시다.

오줌발을 지닌 역사적 인물	
오줌발에 담긴 세계관	

5 난이도 ★★★, 고등 통합 교과

제주의 설문대 할망만 아니라 마고할미나 노고할미, 갱구할미 등 각 지방에도 거대한 창조 여신이 전설로 전해지고 있습니다. 그러나 이 여신들은 부정적인 면만 부각되거나 사람들의 기억에서 점점 잊히고 있습니다. 우리 신화에서 창조 여신들을 부정적으로 바라보게 된 이유와 그들이 기억에서 사라진 이유를 논술해 봅시다.

마고할미의 창세는 한국의 다른 신화에서 미륵이나 천지왕과 같은 남신이 행하는 창세와는 차별점이 있다. 남신은 천지개벽이나 일월 조정과 같은 일차적 창조를 하는 데 비해, 마고할미는 일차적 창조 후 자연과 산천을 세상의 일부로 조성하거나 특정 지역의 지형을 형성하는 이차적 창조 행위를 담당한다. 이렇게 1단계와 2단계의 창세가 남신과 여신으로 갈라져 이루어지는 것은 한국 창세 신화의 특징이라 할 만하다. 아울러 이 현상은 한반도에서 이루어진 여신의 주변화 또는 위계 변동과도 관련이 있다.

보령의 유명한 창조 여신 '갱구할미'를 예로 들면 현지답사에 나서서 그가 움직였다는 본거지를 이리저리 찾아다녀 보았지만 전승의 작은 편린마저 찾기 어려웠다. 또한 전설 속의 마고는 그 본래의 신성을 잃은 채 흉한 '마귀할멈'이 되어 기피와 조롱의 대상이 되고 있다. 마고할미가 마귀할멈으로 바뀐 그 변화 속에 우리 문명사 또는 문화사의 핵심적인 한 단면이 깃들어있는지도 모른다.

2부

탄생에서 죽음까지
여신이 지켜낸 세상

저승 가는 길을 위로해 주는

바리데기

우리가 알고 있는 옛이야기에는 부모에게 버림받은 이야기가 많습니다. 백설공주는 예쁘다는 이유로 숲속에 버려지고, 헨젤과 그레텔은 가난하다는 이유로 계모에게 버려집니다. 심청이는 아버지의 눈을 뜨게 하려고 스스로 바다에 몸을 던지는 일을 자청하기도 합니다.

그리스의 신 제우스 역시 부모에게 버림받았습니다. 크로노스는 자신이 아버지를 공격했던 것처럼 자식들에게 보복당할까 두려워 아기가 태어나면 집어삼켜 자신의 몸속에 가두었습니다. 하지만 부인 레아는 더 이상 자식이 희생되는 것을 볼 수 없어 크로노스를 속이기로 합니다. 자신이 낳은 아이를 다른 곳으로 빼돌리고 대신 돌덩이를 포대기에 싸서 남편에게 건넸습니다. 크로노스는 그것이 아이인 줄 알고 삼켜버렸습니다. 다행히 목숨을 건진 제우스는 아버지에게 버림받지만 성장해 최고의 신이 됩니다.

여기에 부모에게 버림받은 아이에 관한 이야기가 또 하나 있습니다. 바리데기는 태어나자마자 부모에게 버림받지만 자신을 버린 부모를 위해 험난한 여정을 떠납니다. 아버지 크로노스를 죽인 제우스와 달리 바리데기는 자신을 버린 부모를 위해 죽은 자들만 갈 수 있다는 저승길을 선택합니다.

자신을 버린 부모를 위해 죽음의 길을 간다는 것이 이해되지 않을 수도 있습니다. 그렇다면 험난한 여정을 마친 바리데기는 어떤 삶을 살았을까요? 다시 공주가 되어 편안한 삶을 선택했을까요? 아버지의 뒤를 이어 왕이 되었을까요? 죽어가는 아버지를 위해 아무 일도 하지 않은 여섯 언니와 형부들은 어떻게 되었을까요?

불라국의 오구대왕은 마음씨 좋은 길대부인과 부러울 것 없이 살았습니다. 그러나 오구대왕과 길대부인에게는 큰 걱정이 있었습니다. 아들을 원했지만 딸만 여섯 낳은 것이지요. 부부의 나이가 쉰 살을 넘기자 대를 이을 수 없다고 생각했습니다.

그러던 어느 날, 노스님이 지극정성으로 기도하면 한을 풀수 있다는 말을 전했고 부부는 장안사 큰 절로 가 백 일 동안 지극정성으로 기도를 올렸습니다. 기도 덕분일까요, 길대부인은 이상한 꿈을 꾸었습니다. 일곱 가지 무지갯빛과 함께해와 달이 길대부인의 어깨에 떨어지고 별이 품에 쏙 안기는 꿈이었습니다.

이 태몽을 꾼 뒤 태기를 느낀 길대부인은 열 달 후 아기를 낳았습니다. 그런데 아기를 본 순간 길대부인은 까무러칠 뻔했습니다. 일곱 번째 아이도 여자아이였던 것입니다. 딸이라는 말을 들은 오구대왕은 아이를 볼 생각도 하지 않고 멀리 아주 멀리 바다에 버리라고 명했습니다.

〈바리데기〉 이야기는 입에서 입으로 전해져 내려오면서 경기도, 영남, 호남 등 지역별로 50여 가지의 조금씩 다른 버전이 존재합니다.

어떤 이야기에서는 오구대왕과 길대부인이 결혼해서는 안되는 해에 혼인해 딸을 낳게 되었다고 합니다. 점쟁이의 말을 듣고 다음 해에 결혼했다면 아들 셋을 얻었을 것인데 예언을 무시한 결과 딸을 얻게 된 것이지요.

또 아이를 버리는 장소도 뒷동산의 양지바른 후원이나 깊은 산 속 등으로 다양합니다. 어떤 이야기에서는 청학과 백학, 까치가 아이를 보살피고, 거미와 개미가 얼굴에 달라붙는 상황에서도 아이는 목숨을 부지합니다. 이를 불길하게 여긴 오구대왕은 옥함에 아이를 넣어 금, 혹 자물쇠로 단단히 잠근 뒤 서해 바다나 첩첩산중에 다시 버립니다.

오구대왕은 왜 아들만 고집했을까요? 우리 사회의 남아선호 사상은 첫째 아들이 가계를 잇고 결혼 후 부모를 모시며 제사를 이어받고 재산까지 상속받는 남성 중심의 사상입니다.

이런 사회에서 아들을 낳지 못하는 길대부인은 큰 목소리를 낼 수 없었습니다. 왕의 명령을 거역할 수도 없고 핏덩이 같은 자식을 버릴 수도 없는 상황에서 길대부인은 어떤 선택을 했을까요?

그녀는 아이와 헤어지는 것이 너무 아쉬워 밤새 울다가 태어나면 입히려고 준비한 옷과 함께 마지막으로 젖을 물리고 산속에 버립니다. 다른 이야기에서는 바다에 버렸다고도 합니다.

태어나자마자 버려진 아이라 하여 '바리데기'라는 이름을 지어주고 이름이 적힌 종이를 옷 보따리에 넣어놓고 돌아서야 했습니다. 첩첩산중에 돌봐줄 사람도 없이 두고 오자니 발걸음이 떨어지지 않았지만 달리 방법이 없었습니다.

한편 오구대왕은 보기 싫은 자식을 버리면 마음이 편해질 줄 알았는데 근심이 쌓여갔습니다. 근심은 하루 이틀 사이에 깊은 병으로 번졌고 나라 안의 명의들이 애써도 차도가 보이지 않았습니다. 어떤 이야기에서는 오구대왕과 길대부인이 함께 병에 걸렸다고도 합니다. 자식을 버린 부모의 무거운 마음 때문이었을까요?

그러던 어느 날, 한 노스님이 시주를 청하며 오구대왕을 살릴 수 있는 방법을 말해주었습니다. 그 방법은 인간 세상에는 없고 서천서역국에 있는 약수를 마셔야 한다는 것이었습니다.

그 말을 들은 길대부인은 여섯 딸을 불러 의논했지만 딸들은 이런저런 핑계를 대며 약수를 구하러 갈 수 없다고 했습니다. 이런 모습을 보고 화가 나고 서운해진 길대부인은 한숨만 내쉬다가 잠시 잠든 사이 꿈에 노스님이 나타나 일곱째 공주를 찾으라고 했습니다. 잠에서 깨어난 길대부인은 바리데기를 찾아 나섰습니다.

부모에게 버림받은 바리데기는 어떻게 되었을까요? 산속에 버려진 바리데기는 산신령의 보살핌 속에서 세상을 살아가는 데 필요한 모든 것을 배우며 자랐습니다.

다른 이야기에서는 비리공덕 노부부가 부처님의 뜻을 받아 바리데기를 길렀다고 합니다. 부처님은 노부부에게 공덕에 관해 물었고 노부부는 깊은 물에 다리를 놓는 공덕, 헐벗은 사람에게 옷을 주는 공덕, 배고픈 사람에게 밥을 주는 공덕, 목마른 사람에게 물을 주는 공덕을 이야기했습니다. 그중에 배고픈 아기에게 젖 먹여 기르는 공덕이 가장 크다고 하자 부처님은 이 아이를 기를 자격이 있다며 바리데기를 노부부에게 맡겼습니다.

1970년대만 해도 동네에는 거지가 있었습니다. 거지가 밥을 동냥하러 오면 집에 있는 남은 밥을 나눠주곤 했습니다. 과부나 부모 없는 아이가 동네에서 견디지 못하고 다른 동네로 가면 '천하의 몹쓸 동네'라는 꼬리표가 붙기도 했습니다.

윤회를 중요시하는 불교에서 남에게 무언가를 베푸는 공덕은 중요한 덕목이었습니다. 그러나 모든 것이 풍족한 현대 사회에서 우리는 주변 사람에게 베푸는 일에 점점 인색해지고 있는 것은 아닌지 돌아보게 됩니다.

그러던 어느 날, 산신령은 바리데기에게 "오늘 어머니가 찾아올 것이다"라고 말한 뒤 홀연히 사라집니다. 15년 동안 길러준 스승님이 갑자기 사라져 서러움에 잠겨있는데 갑자기 여인의 울음소리가 들려옵니다. 소리가 나는 곳으로 가보니 한 부인이 "내 딸 바리데기야" 하며 울고 있습니다.

부인은 바리데기에게 자신이 과거에 아이를 버렸던 이야기를 들려줍니다. 그 순간 바리데기는 스승님이 떠나기 전에 "보따리를 풀어보라"던 말이 떠오릅니다. 보따리 속에는 '바리데기'라는 이름이 쓰인 종이가 있었고, 그것은 길대부인이 직접 쓴 것이었습니다.

이 사실에 놀란 바리데기는 눈앞의 부인이 바로 자신의 어머니, 길대부인임을 알아봅니다. 15년 만에 모녀가 재회한 것입니다. 어머니 품에 안겨 하염없이 눈물을 흘린 바리데기는 곧 집으로 돌아와 오구대왕을 만납니다.

자신을 보지도 않고 버린 아버지였지만 혈육의 정은 어쩔 수 없었던 모양입니다. 아버지를 만나자마자 서로 부둥켜안고 한참을 울며 그동안의 고생과 마음고생을 나눕니다.

하지만 기쁨도 잠시, 바리데기는 서천서역국으로 가서 아버지의 병을 고칠 약수를 구해와야 합니다. 늠름한 선비의 차림으로 남장한 바리데기는 저승을 향해서 길을 나섭니다.

서천서역국으로 가는 길에 바리데기는 극락으로 가는 길은 좁고, 지옥으로 가는 길은 넓다는 것을 알게 됩니다. 극락으로 가기 위해 그녀는 혼자서 넓은 밭을 갈고, 죽을힘을 다해 방아를 찧고, 수천 필의 베를 짜며, 검은 빨래를 하얗게, 하얀 빨래는 검게 만드는 일을 합니다. 이 과정에서 노동의 신성함을 온몸으로 깨닫습니다.

힘든 일을 하느라 손이 거칠어지고 몸이 아팠지만 극락으로 가는 길은 버림받아 떠나는 길이 아니라 세상을 품기 위해 스스로 나아가는 길임을 알게 됩니다.

이처럼 바리데기는 아버지의 생명을 구하기 위한 험난한 여정을 통해 자신을 발견하고 버림받았던 과거를 치유하는 길을 스스로 만들어갑니다.

서천서역국으로 가려면 동대산 동대청의 동수자를 찾아 약수를 구해야 한다는 이야기를 듣습니다. 동수자는 원래 천상의 인물이었지만 죄를 지어 인간 세상으로 내려와 30년 동안 서천서역국의 약수를 지키고 있었습니다.

남장한 바리데기의 정체를 확인하려고 동수자는 바리데기에게 내기에서 지면 옷을 벗는 게임을 제안하고, 술을 먹이며, 심지어 오줌 줄기를 멀리 보내는 내기를 하자고 합니다. 피할 수 없다고 생각한 바리데기가 고민하던 순간 까치들이 담장 밑의 대나무를 가져오고 곧 새까만 구름이 몰려와 대나무 위로 물이 쏟아집니다. 마치 오줌 줄기를 멀리 쏘아 보내는 듯 보였고 덕분에 바리데기는 여자임을 들키지 않았습니다.

그러나 동수자는 또 다른 계략을 꾸밉니다. 약수를 받으려면 목욕재계해야 한다며 바리데기가 목욕하는 동안 옷을 감춰버린 것입니다. 결국 바리데기가 여자임이 밝혀집니다.

동수자는 바리데기에게 아들 셋을 낳아주면 약수의 위치를 알려주겠다고 합니다. 다른 방법이 없던 바리데기는 그의 요구를 받아들이고 아들 셋을 낳은 후 약수를 구하러 갔지만 그 사이 동수자는 하늘로 올라가 버립니다.

다른 전승에서는 동수자가 아들 일곱을 낳아달라고 하며 그녀와 함께 불라국으로 가는 이야기도 있습니다. 처음 보는

동수자의 아내가 되어 아이를 낳고 기르면서 바리데기는 어떤 생각을 했을까요? 부모가 된다는 것이 얼마나 힘든 일인지 혹은 자신을 버린 부모의 마음을 조금은 이해하게 되었을까요?

어른이 된다는 것은 절대 쉽지 않습니다. TV 프로그램 제목처럼 어른들은 '어쩌다 어른'이 되어 힘겨운 삶을 사는 것일지도 모릅니다. 하지만 바리데기는 스스로 결정하고 스스로 모든 어려움을 헤쳐 나갔기에 '어쩌다 어른'이 아니라 '완벽한 어른'이 되었습니다.

이제 바리데기는 아이 셋을 낳고 약수를 구해 아버지에게 돌아옵니다. 그러나 시간이 너무 지체된 탓인지 아버지는 이미 세상을 떠나 장례 행렬이 이어지고 있습니다.

그럼에도 바리데기는 포기하지 않습니다. 아버지의 상여를 멈추게 하고 관 뚜껑을 열어 약수 한 방울 두 방울을 아버지 입에 떨어뜨립니다. 그러자 놀랍게도 오구대왕이 살아나고 마치 깊은 잠에서 깨어난 듯 바리데기를 반갑게 맞으며 미안함을 전합니다.

모든 임무를 완수한 바리데기는 궁궐에서 편안히 살았을까요? 그렇지 않습니다. 그녀는 천상에 있는 여섯 언니의 자리를 마련한 뒤 스스로 죽은 영혼을 극락으로 인도하는 오구신이 됩니다. 죽음을 안타깝고 서럽게 맞이하는 자들을 좋은 곳으로 이끄는 역할을 자청한 것입니다.

아버지에게 버림받았지만 바리데기에게는 원망도 후회도 없습니다. 마지막 순간까지 누군가를 돕는 삶을 선택한 그녀를 보며 우리는 자신의 성공과 안정보다 남을 위해 사는 삶에 대해 다시 생각하게 됩니다.

어렸을 때 동네에서 무당이 굿을 하는 모습을 보면 무서웠습니다. 그래서 무당과 굿에 대한 기억이 좋지 않습니다. 그러나 영화 〈곡성〉을 보고 생각이 바뀌었습니다. 나홍진 감독의 이 영화는 시골 마을에서 벌어지는 연쇄 살인 사건을 해결하기 위해 용하다는 무당을 부르는 이야기입니다. 영화 속 무당의 굿 장면은 마치 공연장에서 가수가 무대를 장악하는 듯해 보는 내내 '멋지다!'라는 감탄이 절로 나왔습니다.

우리 선조들은 사람들이 모여 신나게 노는 것을 두루 '굿'이라고 불렀습니다. 굿은 우리 조상들의 삶이자 문화였던 것입니다. 이런 굿이 미신으로 전락한 것은 일본 역사학자들이 우리 문화와 역사를 왜곡하는 과정에서 비롯되었습니다.

강릉의 단오굿 *, 동해안의 별신굿, 경기도의 도당굿** 등

---

* 단오 전후에 강원도 강릉 지방에서 행하는 마을굿. 풍년을 빌고 재앙을 쫓기 위해 서낭신에게 굿을 올리며 각종 민속놀이도 한다. 2005년에 유네스코 세계 무형 유산으로 지정되었다.

** 동네 사람들이 도당(마을의 수호신을 모시고 제사 지내는 집)에 모여 그 마을의 수호신에게 복을 비는 굿

은 지역마다 열리는 마을 잔치라 할 수 있습니다. 마을 잔치가 즐거운 일만 있는 것은 아니듯 우리 민족은 누군가가 세상을 떠났을 때 함께 슬픔을 나누는 문화를 이어왔습니다. 바리데기는 그런 죽음의 순간 저승길을 위로하는 굿 속의 여신입니다.

태어남과 성장 그리고 죽음은 인생의 과정입니다. 그중에서도 죽음은 특히 받아들이기 어렵습니다. 모두가 평안히 살다가 죽음을 맞이할 수 있다면 좋겠지만 현실은 그렇지 않습니다.

바리데기는 죽음의 과정에서 상처받고 버림받은 영혼들에게 손을 내밀어 저승길을 안내하고 인도하는 우리 신 가운데 가장 위대한 여신입니다.

우리 신화와 함께하는 토론·논술 활동

다음 자료는 초·중·고등 교과와 연계해 논술 및 토론 활동에 활용할 수 있습니다. 문제의 난이도와 교과 수준에 맞추어 선택해 활용하세요.

1   난이도 ★★, 초등 국어

바리데기는 자신을 버린 아버지를 살리기 위해 먼 길을 떠납니다. 저승에 약수를 구하러 가는 여정은 다시 돌아올 수 없는 길이기도 합니다. 바리데기의 이러한 행동에 관해 찬성하는지 반대하는지 그 근거를 들어 토론해 봅시다.

	바리데기의 행동에 찬성	바리데기의 행동에 반대
근거		

바리데기는 아버지의 약수를 구하러 가는 과정을 통해 어른이 됩니다. 노동의 중요성을 깨닫고, 자식을 낳아 기르면서 부모의 마음도 이해하게 됩니다. 여러분은 '진짜 어른'이 되기 위해 어떤 것을 갖추어야 한다고 생각하나요? 또 부모님으로부터 독립할 수 있는 시기는 언제라고 생각하나요? 어른에 대한 정의를 규정하고 부모에게서 독립하는 시기에 대해 자신의 생각과 근거를 이야기해 봅시다.

오구대왕은 일곱째 공주의 울음소리와 말소리가 듣기 싫다며 인적이 닿지 않는 곳에 내다 버리라고 명령합니다. 길대부인은 남편의 명령을 거역할 수 없어 공주를 버립니다. 길대부인이 왕을 설득해 딸을 버리지 않을 방법은 없었을까요? 여러분이 길대부인이 되어 왕을 설득하는 글을 타당한 근거를 들어 작성해 봅시다.

약수를 구해온 바리데기는 관 뚜껑을 열고 약수를 뿌려 아버지를 살립니다. 과학이 발전한 인공지능 시대에 보면 말이 안 되는 이야기일 수 있습니다. 하지만 지금 우리 시대에 죽어서 함께할 수 없는 사람이나 다시 갈 수 없는 장소에 '생명수'가 있다면 어디에 뿌려주고 싶은가요? 그 이유를 들어 논술해 봅시다.

베이비박스에 관해 알아보고 그 운영에 관한 찬반 토론을 해 봅시다.

베이비박스baby box는 부득이한 사정으로 아기를 키울 수 없는 산모가 작은 철제 상자 안에 아기를 두고 갈 수 있도록 만든 것으로, 유기되는 아이들의 안전을 위해 만들어졌다.

대한민국에서는 현재 서울 주사랑공동체교회의 이종락 목사가 베이비박스를 운영하고 있으며, 경기도 군포시 새가나안교회에서도 국내 두 번째 베이비박스가 운영되고 있다. 이종락 목사는 교회 앞대문에 버려진 신생아가 저체온증으로 숨질 뻔한 일을 겪고 나서 베이비박스를 설치했다고 한다. 이곳의 베이비박스는 담장을 뚫어 만든 것으로 가로 70cm, 세로 60cm, 폭 45cm의 공간으로 되어있다. 담장 벽에는 '미혼모 아기와 장애로 태어난 아기를 유기하거나 버리지 말고 여기에 넣어주세요.' 라는 안내문이 붙어있다. 아기를 두고 가면 벨이 울리며 이 목사가 아기를 방으로 데리고 간다. 하지만 이 베이비박스는 찬반 논란에 휩싸여있다. 길바닥이나 쓰레기통에 버려져 죽을 수 있는 어린 생명들을 살린다는 입장과 결국 아기를 죄책감 없이 버리는 행위를 더욱 조장하게 만든다는 입장이다.

일본의 일일구마모토현 지케이 병원에 '황새의 요람'이라는 이름의 베이비박스가 있다. 아시아권 나라에서는 최초로 베이비박스를 공식적으로 운영하고 있다. 이 시설은 다음과 같은 원칙을 가지고 있다.

1. 병원의 한적한 곳에 가로 45cm, 세로 65cm의 문을 만들고, 그 안에 섭씨 36도를 유지하는 보육기를 놓는다.
2. 아기가 그 안에 놓이면 알람이 울려 병원의 담당자에게 알린다.
3. 감시 카메라는 아기만 비추도록 한다.

세 아들을 신으로 키워낸
당금애기

"엄마, 아기 엉덩이는 왜 파래?"

"삼신할머니가 엄마 배 속에 있는 아기에게 빨리 나오라고 엉덩이를 두드려서 멍이 든 거야"

"그러면 삼신할머니는 어디 사는 할머니야?"

어릴 적 이런 이야기를 엄마와 주고받은 경험이 있을 겁니다. 그렇다면 삼신할머니는 과연 어디에 살고 계실까요?

꽃같이 귀하게 자란 당금애기는 부모님의 사랑을 듬뿍 받으며 금이야 옥이야 키워졌습니다. 그러나 그녀는 부모에게 내던져지듯 버림받습니다. 아픈 아버지를 구하기 위해 험한 저승길로 떠난 바리데기처럼 당금애기도 버림받은 뒤 아이

셋을 동굴에서 길러냅니다. 과연 당금애기에게는 어떤 일들이 있었을까요?

당금애기 이야기는 〈제석본풀이〉라고도 불리는 무속 신화입니다. 〈제석본풀이〉는 제석신의 탄생을 전하는 이야기인데 여기서 '제석신'이란 당금애기의 세 아들로 인간의 수명, 자손, 운명, 농업을 관장하며 〈단군신화〉에 등장하는 환인 제석을 기원으로 하는 신입니다.

일부 학자들은 당금애기 이야기를 〈단군신화〉의 또 다른 이야기로 보기도 합니다. '단'이 성황단이나 조경단처럼 제사를 지내는 곳을 뜻하기 때문입니다. 그렇다면 당금애기의 세 아들은 어떻게 신이 되었을까요?

부족함이 없는 서천서역국의 왕, 왕부설에게 단 하나 부족한 것은 자식이었습니다. 그는 자식을 얻기 위해 정성을 다해 백일기도를 올립니다. 그 지극한 정성에 감동했는지 부인의 꿈에 옥동자가 나타나 "저는 하늘의 선관인데 죄를 많이 지어 인간 세상에 내려오게 되었습니다. 부디 거두어주십시오."라고 말하며 품에 안깁니다. 이렇게 해서 왕부설의 부인은 '석가여래'라는 아들을 얻게 됩니다.

하지만 좋은 일 뒤에는 불행이 따르는 법일까요. 왕부설과 부인이 갑자기 병에 걸려 세상을 떠납니다. 졸지에 부모를 잃은 석가여래는 하늘의 궁전인 천하궁으로 돌아가지만 옥황상제는 아직 때가 아니라며 그를 다시 인간 세상으로 돌려보냅니다.

석가여래는 깨달음을 얻기 위해 금불사라는 108칸의 절을 짓고 108명의 스님과 함께 수행에 힘씁니다. 108칸의 절과 108명의 스님은 불교의 백팔 번뇌를 상징하기도 합니다.

한편 남들이 보기에 세상 부러울 것 하나 없는 사람이 있었으니 바로 해동조선의 왕입니다. 해동조선의 왕에게는 아들이 아홉이나 있지만 고운 딸자식이 없었습니다.

딸을 원하던 부인은 답답한 마음에 점쟁이를 찾아가 점을 쳤더니 "중 사위를 두겠다"는 말을 듣습니다. 딸이 없는데 중 사위라니 가당치 않다고 생각하면서도 딸자식이라도 하나 있었으면 하는 마음에 정성을 들여 백일기도를 합니다.

지성이면 감천이라고 하던가요? 부인의 꿈에 선녀가 나타나 "자신은 죄를 많이 지어 인간 세상으로 내려오게 되었으며 자신을 어여삐 여겨달라"고 합니다. 마침 왕도 부인과 같은 꿈을 꾸었다며 기뻐했습니다.

열 달 후 왕과 왕비는 하늘의 선녀 같은 귀한 딸을 얻게 됩니다. 마땅히 딸을 낳았으니 '마땅 당當'자를 넣고, 이제야 원을 풀었으니 '이제 금今'자를 넣어 '당금애기'라고 이름을 짓습니다.

석가여래와 당금애기의 출생은 천상의 신과 인간의 만남을 예견하고 있습니다. 곰이 된 인간과 하늘신의 아들 환웅과의 만남으로 태어난 단군의 이야기처럼 말입니다. 〈당금애기〉를 〈단군신화〉의 또 다른 이야기로 보는 것도 이런 맥락일 것입니다.

다른 이야기에서는 서천서역국의 부처님이 해동조선에 절을 지으러 왔다가 당금애기를 만나게 된다고도 하고, 하늘나라의 석가여래가 인간 세상에 관심이 많아 옥황상제께 거듭 부탁해 땅으로 내려와 당금애기를 만난다고도 전합니다.

한편 당금애기 집안에 화가 닥칩니다. 조정의 모함을 받은 아버지와 오라버니들은 귀양을 가게 되고, 어머니는 그들을 위해 기도하겠다며 명산名山을 찾아 떠납니다.

이렇게 가족들과 작별하게 된 당금애기는 여든 칸의 집에 혼자 남아 살아가야 합니다. 주변의 보호만 받고 자란 당금애기는 어찌 살아가야 할지를 몰라 문이란 문은 꼭꼭 걸어 잠그고 집 안에서만 지냅니다.

바리데기는 부모에게서 철저히 떨어져 자신의 성장을 위해 애썼다면, 당금애기는 바깥세상과 완전히 단절된 집 안에 홀로 남아 새로운 인생을 시작합니다. 그녀에게 집 안은 안전하기보다 공포와 욕망이 공존하는 공간이 됩니다.

심리학자 마거릿 말러는 "사람은 분리를 통해 성장한다."

라고 했습니다. 자신의 인생을 시작하려면 부모로부터의 분리가 필요합니다. 이 책을 읽는 여러분은 부모로부터 언제 분리되었나요? 아직 분리되지 않았다고 생각한다면 언제부터 분리될 수 있을 것 같나요?

한편 서천서역국에서 수양을 마치고 인간 세상을 구경하러 온 석가여래는 산천이 아름다운 해동조선을 다니다가 종이 한 장이 나부끼는 것을 봅니다. 그 종이에 쓰인 슬픈 사연과 아름다운 문장에 감탄한 그는 글쓴이를 찾으려 해동조선 곳곳을 헤맵니다. 마침내 낯익은 글씨를 발견하지만 굳게 닫힌 열두 개의 문을 열기는 쉽지 않았습니다. 석가여래는 천수경의 구절을 외워 잠긴 문의 빗장을 하나씩 엽니다.

열두 개의 문을 모두 연 석가여래는 당금애기에게 공양미서 되 서 홉의 시주를 요구합니다. 그는 하인이 아닌 당금애기 자신이 직접 시주하기를 원합니다. 당금애기가 바랑에 쌀을 조심스럽게 넣어보지만 쌀은 모두 쏟아지고 맙니다.

이걸 어쩌면 좋을까요? 한 번에 담으면 편하겠지만 석가여래는 광대싸리로 만든 젓가락으로 쌀 한 톨씩 주워 담으라고 합니다. 다른 이야기에서는 쌀 한 톨을 담을 때마다 젓가락을 꺾고 새로운 젓가락으로 다시 집어야 한다고도 합니다.

석가여래는 보통 정성으로는 할 수 없는 일을 당금애기에게 요구합니다. 모함을 받고 떠난 아버지와 오라버니가 돌아오길 바라는 마음에 당금애기는 쏟아진 쌀을 한 톨씩 주워 담습니다.

그전에는 해보지 못한 이런 작은 일을 정성껏 하며 당금애기는 무슨 생각을 했을까요? 이 일이 하찮다고 여겨 다른 사람에게 시켰다면 그녀는 자신의 인생을 스스로 살아갈 수 없었을 것입니다. 그러나 참을성 있게 견뎌낸 당금애기는 어른이 되는 힘을 기릅니다.

쌀을 다 주워 담자 날이 저물었습니다. 석가여래는 밤이 깊어 갈 수 없다며 이런저런 핑계를 대고 당금애기와 한방에서 자려고 합니다. 당금애기는 이를 거절하며 갖은 핑계를 대다가 결국 병풍을 치고 한방에서 잡니다.

그러나 잠이 든 당금애기는 깜짝 놀랍니다. 자신이 덮고 있던 이불은 온데간데없고 석가여래의 장삼을 덮고 있었던 겁니다. 병풍 넘어 석가여래는 그녀의 이불을 덮고 있었습니다.

석가여래와 병풍을 사이에 두고 잠든 당금애기는 이상한 꿈을 꿉니다. 하늘의 선녀에게서 구슬 세 개를 받고는 기뻐서 옷고름에도 넣어보고 허리춤에도 꽂아보고 입 안에도 넣어봅니다. 이 구슬 셋(다른 이야기에서는 쌀 세 톨)은 세쌍둥이를 얻을 꿈이라는 석가여래의 말에 당금애기는 불안해집니다.

다른 이야기에서는 잘생긴 석가여래에게 호기심이 생긴 당금애기가 찢어진 바랑을 직접 기워주고, 이에 감동한 석가여래가 쌀 세 톨을 쥐여주며 "이것을 먹으면 집안에 경사가 있을 것"이라고 하자 당금애기는 거리낌 없이 삼켰다고도 전합니다.

또 다른 이야기에서는 한방에서 병풍을 치고 자다가 당금애기의 자는 모습에 반해 석가여래가 병풍을 걷고 당금애기 옆으로 가서 잠을 잤다고도 합니다.

속을 태우며 하루하루를 보내던 중 아버지와 오라버니들이 누명을 벗고 집으로 돌아왔습니다. 반가운 마음도 잠시, 누워 있는 당금애기를 보고 아버지는 상심합니다. 까닭을 묻기 위해 점쟁이를 찾아간 아버지에게 그는 힘겹게 말을 꺼냅니다.

"작년 4월 15일 어떤 중 하나가 찾아와 자고 간 일밖에는 없습니다."

배가 불러오는 딸을 보고 절망과 분노에 휩싸인 아버지는 당금애기를 토굴로 내쫓습니다. 화가 난 오빠들이 칼을 꺼내 당금애기를 찌르려고 하지만 칼자루가 부러지고 맙니다. 당금애기를 버리고 돌아오는 길에는 흙비와 돌비가 내려 오라버니들의 발이 땅에 붙어 오도 가도 못하는 신세가 되기도 합니다.

당금애기는 토굴에서 세쌍둥이를 낳아 홀로 키워냅니다. 살기 위해서 죽을힘을 다해 아이들을 키우며 그녀는 진정한 어머니로 거듭납니다. 홀로 보내는 시간 속에서 그녀는 자기 삶보다 다른 이의 삶을 위해 살아가는 진정한 영웅의 모습을 보여줍니다.

아이들은 여섯 살이 되던 해에 아버지를 찾습니다. 성은 무엇인지, 아버지는 누구인지 어머니에게 묻습니다. 그리고 아버지를 찾아 길을 떠납니다.

석가여래는 처음 만난 아들들을 시험합니다.

"뒷산에 죽은 지 3년 된 소의 뼈로 살아있는 소를 만들어라."

"종이 버선을 신고 앞 냇물 위를 걸어갔다 와라."

"짚으로 닭을 만들어 살아 움직이도록 해라."

"낚시로 물고기를 잡아 회를 쳐서 먹고 다시 산 채로 토해내라."

"너희들의 손가락 피와 내 피를 섞어보자."

이처럼 여러 시험을 치른 뒤에야 그들이 아들임을 확인합니다.

아버지를 만나 이름을 얻게 된 세쌍둥이는 형불, 재불, 삼불이라는 이름을 얻어 부처가 됩니다. 아이들의 이름은 여중군자(숙덕淑德이 높은 여자)인 당금애기가 직접 지었습니다. 오랜만에 만난 석가여래가 아이들의 이름을 지어주면 좋으련만 아이들을 키우느라 고생한 당금애기가 세쌍둥이의 이름도 지어줍니다.

조선에서는 형불, 재불, 삼불을 위하면 운수가 트인다고 믿어 백성들 사이에 불경을 읽고 불도를 닦는 일이 이때부터 널리 퍼졌습니다.

보통 '영웅'이라 하면 어떤 사람이 떠오르나요? 슈퍼맨, 배트맨, 스파이더맨, 아이언맨, 인크레더블, 이순신 장군 등이 떠오릅니다. 재능이 뛰어나거나 용맹해 보통 사람이 하기 어려운 일을 해내는 사람을 영웅이라고 합니다. 하지만 오랫동안 영웅은 남성의 전유물처럼 인식되어 왔습니다.

그렇다면 여성의 영웅적 행동은 어디에서 찾아야 할까요? 농경 사회에서는 아이를 낳고 키우는 일을 영웅의 행적에 견줄 만한 것으로 보았습니다.

도산 안창호 선생의 부인인 이혜련 여사는 독립운동하는 남편 대신 가정부 일을 하면서 3남 2녀를 키웠습니다. 아이들이 아버지를 찾으면 "부친은 너희 아버지가 아니라 이 나라의 아버지"라고 아이들에게 말했다고 합니다. 이혜련 여사는 독립을 위해 자신의 삶을 버리고 자식을 위해 희생하는 모습으로 여성의 영웅적 모습을 보여주었습니다.

당금애기 또한 여성의 몸으로 힘든 상황을 견뎌내며 아이들을 키워냈고 그 아이들을 신으로 만들었습니다.

사람들은 무언가를 할 때 '삼세번'이라는 말을 합니다. '서당 개 3년이면 풍월을 읊는다.', '세 살 버릇 여든 간다.'라는 속담뿐만 아니라 옛이야기 속에서도 세 가지 소원, 세 가지 보물, 세 번의 시험 등 숫자 3이 반복됩니다. 우리 민족은 특히 3이라는 숫자를 좋아합니다. 세 명의 재석신은 과거-현재-미래,

탄생-삶-죽음을 관장하는 부처님이 되었습니다.

한편 지역에 따라 전해지는 이야기는 조금씩 다릅니다. 청주와 강계에서는 당금애기와 세쌍둥이 누구도 신이 되지 않습니다. 영덕과 영월에서는 당금애기만 신이 되고, 삼신할머니의 또 다른 이름인 '사마씨'나 '세준할머니'로 불리며 아이들을 돌봐주고 점지해 줍니다. 화성과 양평에서는 세쌍둥이만 신이 되고, 당금애기는 하늘로 승천합니다. 평양에서는 세쌍둥이와 당금애기 모두 신이 됩니다.

이처럼 당금애기 이야기는 신이 되는 대상만 다를 뿐 우리나라 전역에서 다양한 모습으로 전해 내려옵니다.

아이 셋을 잘 키운 당금애기는 그 공을 인정받아 탄생의 신이 되어 아이가 필요한 집에 아이를 점지하고 돌보는 일을 맡게 되었습니다. 자신의 인생을 넘어 훌륭한 어머니의 모습으로 거듭나 세 아이를 창조적인 신으로 만든 당금애기는 이 시대의 진정한 어머니이며 영웅의 모습이라 할 수 있습니다.

우리 신화와 함께하는 토론·논술 활동

다음 자료는 초·중·고등 교과와 연계해 논술 및 토론 활동에 활용할 수 있습니다. 문제의 난이도와 교과 수준에 맞추어 선택해 활용하세요.

1   난이도 ★, 초등 국어

당금애기, 석가여래, 세쌍둥이의 태몽을 비교해 보고 우리가 잘 알고 있는 동화 속 인물(심청, 춘향, 홍길동, 건국 신화의 주인공 등)은 왜 태몽을 가졌는지 논술해 봅시다.

이야기 속 주인공들의 태몽 비교

주인공	태몽
석가여래	
당금애기	
세쌍둥이	

동화 속 주인공이 태몽을 가지고 있는 이유

2 난이도 ★, 초등 국어

만약 내가 옥황상제라면 당금애기를 왜 신으로 만들었는지 그 이유를 들어 논술해 봅시다.

3 난이도 ★★, 중등 도덕

당금애기가 아이를 가진 사실을 알게 된 아버지는 몹시 화를 내며 딸을 쫓아냅니다. 아버지는 왜 임신한 딸을 쫓아내려 했을까요? 딸의 말은 들어보지도 않고 '여성의 정조를 지키는 것'이 더 중요하다고 생각했기 때문일까요? 아버지의 행동에 관해 이야기해 봅시다.

4 난이도 ★★, 중등 도덕

잘 자란 세쌍둥이는 아버지에 관해 묻기 시작하더니 결국 아버지를 찾아 떠납니다. 지금까지 어머니가 정성껏 키워주셨는데도 세쌍둥이는 왜 아버지를 찾아 나서야 했을까요? 세쌍둥이의 행동에 관해 이야기해 봅시다.

5   난이도 ★★, 중등 도덕

당금애기는 주변의 도움 없이 세 아이를 길러냅니다. 많은 어려움을 견뎌낸 당금애기처럼 우리 주변에도 한부모 가정이 많이 있습니다. 한부모 가정이 겪는 어려움을 알아보고 그들이 잘 적응하며 살아가기 위해 우리가 도와줄 수 있는 방법을 이야기해 봅시다.

6   난이도 ★★, 중등 국어

당금애기가 쓴 글을 보고 감탄한 석가여래는 당금애기를 찾아가서 굳게 닫힌 문을 열기 위해 도술을 사용합니다. 만약 도술을 사용하지 않고 석가여래가 직접 글을 써서 당금애기에게 문을 열어달라고 부탁한다면 어떤 글을 썼을까요? 석가여래가 당금애기에게 문을 열어달라고 부탁하는 글을 써봅시다.

인간과 신의 대결
삼승할망 저승할망

동굴에서 세쌍둥이를 낳아 잘 키운 후 삼신이 된 당금애기가 내륙 지방의 이야기라면 제주 섬 지방에는 명진국 따님을 주인공으로 하는 삼신할머니 이야기가 있습니다.

당금애기는 자신이 아이를 낳아 키워보았기 때문에 아이를 점지하고 보호하는 신이 될 수 있었습니다. 그러나 〈삼승할망본풀이〉에 나오는 삼신할망은 결혼도 하지 않았고 아이를 낳아본 적도 없는데 아이를 돌보는 신이 됩니다.

〈삼승할망본풀이〉에는 두 명의 여인이 등장합니다. 한 명은 동해 용왕의 따님이고, 다른 한 명은 인간 세상에서 살고 있는 명진국 따님입니다. 이 둘은 각각 삼승할망과 저승할망이 되는데 그렇다면 누가 삼승할망이 될까요? 신과 인간의 대결이라고 할 수 있는 이 싸움에서 승자는 과연 어떤 방법으로 이기게 될까요?

삼승할망과 저승할망 이야기에서는 선과 악이 공존할 수밖에 없는 인간사에서 우리가 어떻게 살아가야 하는지를 보여줍니다. 또한 상대에게 맞서 싸우기보다는 함께하는 것이 중요하다고 말해줍니다. 함께한다는 것이 왜 중요한지, 또 함께하기 위해 우리는 어떻게 행동해야 하는지 이야기를 통해 알아봅시다.

서해 용왕의 따님은 동해 용왕과 혼인했으나 아기가 생기지 않아 큰 근심에 빠졌습니다. 아기를 갖게 해달라고 백 일 동안 정성을 들이자 하늘과 땅이 그 정성을 받아들여 마침내 아이가 생겼습니다. 어렵게 낳은 딸이 얼마나 예쁘고 소중했을까요? 하지만 이 소중한 딸은 버릇이 너무 없었습니다. 아버지의 수염을 잡아당겨 뽑기도 하고 담뱃대를 꺾어버리기도 합니다. 또 어머니의 젖가슴을 잡아 뜯기도 했지요. 아홉 살이 될 때까지 딸의 잘못은 해마다 늘어나기만 했습니다.

동해 용왕은 더는 그냥 넘겨서는 안 되겠다고 생각하고 하나뿐인 딸을 죽이라고 명령을 내립니다. 보다 못한 어머니는 남편인 용왕을 말리며 차라리 무쇠로 만든 함에 딸을 넣어 인간 세상으로 보내 잘못을 깨닫게 하자고 간청합니다.

다른 이야기에서는 용왕을 모시는 대신들과 백성들이 자식을 버릇없이 기른 동해 용왕에 불만을 품고 자식을 잘못 키운 용왕도 갈아치워야 한다고 말합니다. 자신의 자리마저 잃을까 두려워진 동해 용왕은 결국 어려운 결정을 내립니다.

동해 용왕은 자식의 잘못에 단호했습니다. 그러나 수염을 뽑고 담뱃대를 꺾었다는 이유로 죽이라고 하다니 너무 매정하다는 생각이 들기도 합니다. 그런데 자식의 잘못에 단호함을 보인 왕은 또 있습니다. 바로 조선의 21대 임금인 영조입니다. 그는 "이것은 나랏일이 아니고 집안일이다."라며 자기 아들이 왕의 아들답지 못하다는 이유로 사도세자를 뒤주에 가두어 죽게 합니다. 사도세자에게는 말려주는 어머니도 없었습니다. 오히려 어머니가 나서서 아들의 잘못을 지적하며 아들보다 임금을 지켜야 조선의 왕조가 보전된다고 말했습니다. 이 생각은 영조도 같았습니다.

왕조를 지키기 위해서, 또 자식을 올바로 키우기 위해서 우리 조상들은 자녀 교육을 엄격하고 단호하게 했습니다.

아버지의 뜻에 따라 인간 세상으로 떠나야 하는 용왕의 따님은 어머니에게 인간 세상에서 어떻게 살아야 하는지 묻습니다. 어머니는 인간 세상에 관해 이야기해 줍니다. 인간 세상에서는 열 살도 안 된 아이가 아기를 갖고, 예순 넘은 할머니가 아기를 낳기도 하며, 석 달 만에 아기를 낳기도 하고, 어떤 사람은 열 달이 넘어도 아기를 낳지 못해 혼란스러우니 아이를 점지하고 돌보는 일을 하라고 알려줍니다.

하지만 마지막 질문의 답을 들어야 하는 순간 아버지의 불 같은 호령에 어머니의 말을 끝까지 듣지 못한 채 무쇠로 만든 함에 갇히고 맙니다. 용왕의 따님은 열 달을 채운 아기를 어디로 낳아야 하는지 물어보았지만 끝내 답을 듣지 못했습니다.

무쇠 함은 48개의 자물쇠가 채워진 채 물 아래로 3년, 물 가운데로 3년, 물 위로 3년을 떠다니다가 '임박사임보루주가 문을 열어라.'라고 쓰인 글귀를 본 임박사임보루주에 의해 열리게 됩니다. 아직 아이가 없던 임박사임보루주에게 용왕의 따님은 아이를 점지해 줍니다.

그런데 문제는 이제부터였습니다. 아이를 어디로 나오게 해야 하는지 알지 못한 용왕의 따님은 어머니가 준 은가위로 어미의 겨드랑이를 잘라보았지만 아이는 나오지 않았습니다. 용왕의 따님은 아이를 꺼내는 방법을 몰라 그저 울기만 했습니다.

임박사임보루주는 어미의 배 속에서 아이가 나오지 못하자 안타깝고 불안했습니다. 그래서 금으로 만든 바라를 두드리며 옥황상제께 하소연했습니다.

옥황상제는 조용하던 인간 세상에서 시끄러운 소리가 들려오자 사연을 알아보라고 명을 내렸습니다. 사연을 들은 옥황상제는 아이를 점지하고 순산을 돕게 할 삼승할망이 될 만한 자를 인간 세상에서 찾아오라고 했습니다.

사람들이 오래 살기로 이름난 명진국에는 배고픈 이에게 밥을 챙겨주고 헐벗은 이에게는 옷을 벗어주며 돕는 마음씨 고운 아가씨가 있었습니다. 무엇 하나 부족함이 없어 보이고 총명한 명진국 따님을 옥황상제가 하늘로 불렀습니다.

옥황상제에게 불려간 명진국 따님은 머리 땋은 처녀인 자신을 왜 불렀는지 이유를 물었습니다. 당당하고 바른 그녀의 모습에 옥황상제는 삼승할망이 되는 방법을 알려주었습니다. 그러면서 용왕의 따님이 어머니께 끝내 듣지 못했던 아이를 낳는 방법을 전해주었습니다.

아기 어머니의 뼈를 부드럽게 해 어머니 다리 사이 문으로 나오게 해야 하고 머리가 먼저 나와야 하며 다리가 먼저 나오면 돌려서 낳아야 한다는 것이었습니다.

다른 이야기에서는 마음씨 따뜻한 명진국의 따님이 떡을 만들어달라는 두루미의 부탁을 들어주었습니다. 떡을 먹은 두루미는 혼자 노는 것이 심심해 동생을 원하던 명진국 따님에게 동생들을 줄줄이 보내주었습니다. 덕분에 동생들이 많아진 명진국 따님은 어머니의 배가 불러오면 집안일을 도맡고 아기를 받는 일도 하게 되었습니다.

원래 아기를 점지하는 삼신이 따로 있어야 했습니다. 그러나 일이 너무 바쁜 옥황상제가 삼신을 정하지 못해 아기를 보내는 일을 자주 잊곤 했습니다. 그래서 집집마다 아기가 귀하게 된 것이지요. 이 문제를 해결하기 위해 옥황상제는 삼신을 찾았고 명진국 따님의 이야기를 들은 후 삼신이 될 자격이 있다고 여겨 그녀에게 삼승할망의 자격을 주었습니다.

그런데 젊은 아가씨를 왜 '할망'이라고 부를까요? '할머니'라는 말은 여자 신을 친근하게 부르는 표현이며 존경받을 만한 큰일을 했을 때는 더 높여서 '할마님'이라고 부른답니다.

명진국 따님은 임박사임보루주의 집으로 가 아이를 무사히 받아냈습니다. 아이가 죽은 줄 알았던 용왕의 따님은 아이가 무사하다는 사실을 알게 되었고 그제야 명진국 따님의 존재를 알게 되었습니다.

그러나 아이가 무사히 태어난 것을 다행이라 여기기보다 자존심이 상한 용왕의 따님은 "대체 너 같은 존재가 어떻게 아이를 낳게 했느냐?"며 화를 내고 명진국 따님의 머리채를 잡아 흔들며 성질을 부렸습니다. '잘못된 세 살 버릇 여든까지 간다'는 말처럼 용왕의 따님은 명진국 따님을 후려치고, 두들겨 패고, 할퀴고, 꼬집어 온몸을 상처투성이로 만들었습니다. 간신히 정신을 차린 명진국 따님은 옥황상제에게 가서 이야기해 보자며 용왕의 따님을 달래 겨우 상황을 모면했습니다. 앞뒤 상황 가리지 않고 제멋대로 행동하는 용왕의 따님을 보니 왜 용왕이 하나뿐인 딸을 쫓아냈는지 알 것 같습니다.

둘의 이야기를 들은 옥황상제는 과제를 주었습니다. 서천 서역국의 고운 모래밭에 꽃씨를 심어 꽃을 피우라는 것이었습니다. 모래밭에 꽃을 피우라니요? 바삭바삭한 모래에 구운 밤을 심어 싹이 나면 임과 헤어지겠다고 한 〈정석가〉* 의 한 구절이 떠오릅니다. 물기 하나 없는 바삭바삭한 모래에서 싹

---

* 6연으로 이루어진 고려속요이다. 불가능한 것을 가능하다고 설정해 놓고 영원한 사랑을 노래하고 있다. 이 노래는 기원과 축원을 역설에 담고 있으며, 유별나게 논리적이고 지적인 작품이다. 제2연은 '구운 밤', 제3연은 '옥련꽃', 제4연은 '무쇠 옷', 제5연은 '무쇠 소'라는 소재를 등장시켜 임과는 영원히 헤어질 수 없다고 노래하고 있다.

이 날 리 없지요. 그렇기에 불가능한 상황이 가능하다면 헤어지겠다고 한 것은 결국 임과 절대 헤어질 수 없다는 지은이의 속내를 드러낸 것입니다. 하지만 정성과 성심을 다하면 불가능도 가능해지는 법입니다. 명진국 따님의 꽃밭에는 꽃이 무성하게 피었습니다.

또 다른 과제는 그릇에 가득 담긴 물을 따라 버린 후 다시 그릇에 담으라는 것이었습니다. 쏟아진 물을 어떻게 다시 담을 수 있을까요? 그러나 어려서부터 집안일을 하며 물을 소중히 다루어본 명진국 따님은 조심조심 물을 따라 버리고 그릇에 다시 담을 수 있었습니다. 하지만 물을 길어본 적조차 없는 용왕의 따님은 물을 아무렇게나 확 쏟아버렸습니다. 이렇게 흘러버린 물은 곧바로 바닥에 스며들어 다시 담을 수 없게 되었습니다.

인간과 신의 대결은 그리스 로마 신화에도 나옵니다. 아라크네는 베 짜기와 자수로 명성이 자자했는데 자신의 솜씨가 여신 아테나보다 뛰어나다고 자랑하며 도전장을 내밉니다.

아테나는 인간인 아라크네의 기고만장한 태도에 화가 나 경고했습니다. 할머니로 변장해 아라크네에게 다가가 "신을 모독하면 큰 벌을 받을 테니 용서를 구하라"라고 충고했지만 아라크네는 그녀의 경고를 무시하고 자신이 최고라며 뽐냈습니다.

결국 아테나는 아라크네와 베 짜기 시합을 벌였습니다. 아테나는 아라크네의 베 짜는 솜씨에 놀랐지만 신들을 웃음거리로 만든 아라크네의 자수를 보고는 원단을 찢어버렸습니다. 신을 모욕했기 때문이죠. 아테나의 이런 행동은 패배를 인정한 것이나 다름없지만 아테나는 아라크네가 이겼다는 것을 인정하지 못하게 실을 잣는 북으로 그녀의 이마를 내리쳐 치욕을 안겼습니다. 아라크네는 치욕을 견디지 못하고 목을 매었고 아테나는 그런 아라크네를 불쌍히 여겨 영원히 실을 잣는 거미로 만들었습니다.

그리스 로마의 신들은 인간에게 패하면 힘을 이용해 인간에게 복수했습니다. 하지만 우리 신들은 공평합니다. 옥황상제는 꽃을 활짝 피운 명진국 따님에게는 이승의 삼승할망이 되라고 하고, 용왕의 따님에게는 열다섯 살 전에 죽은 아이를 저승에 자리 잡도록 돕는 저승의 삼승할망이 되라고 했습니다.

저승으로 가게 된 용왕의 따님은 악이 치솟아 이제부터 태어나는 아이가 백일이 되면 저승으로 데려가겠다고 경고했습니다. 이에 명진국 따님은 화가 난 용왕의 따님을 달래고 위로했습니다. 명진국 따님의 따뜻한 마음 덕분에 용왕의 따님은 남을 미워하고 악을 품었던 마음을 풀 수 있었습니다.

향기 나는 나무는 찍는 도끼에도 향을 묻힌다고 합니다. 악을 품었던 용왕 따님의 마음을 명진국 따님의 따뜻한 마음으로 감싸 안으니 해결된 것이지요. 우리 신들은 그리스 로마 신화의 아테나처럼 복수하는 대신 화해의 손을 내밉니다. 그리고 인간 세상을 위해 함께 좋은 일을 하자고 제안합니다. 우리 신들은 악을 악으로 대하지 않고 상대의 공을 칭찬하고 이해하며 그 마음을 움직입니다.

우리는 종종 마음이 맞지 않는다고 상대를 욕하거나 비방합니다. 또는 자신의 이익을 위해 상대를 어떻게 이용할지 생각합니다. 그러나 다른 사람에게 끼친 손해는 부메랑처럼 결국 자신에게 돌아온다는 것을 알아야 합니다.

지혜로운 삶이란 자신만 드러내는 것이 아니라 여러 사람과 함께할 수 있는 열린 마음을 가지는 것이겠지요.

우리 신화와 함께하는 토론·논술 활동

다음 자료는 초·중·고등 교과와 연계해 논술 및 토론 활동에 활용할 수 있습니다. 문제의 난이도와 교과 수준에 맞추어 선택해 활용하세요.

1 난이도 ★, 초등 국어

옥황상제가 아이를 키우고 보살피는 삼신의 임무를 왜 결혼하지 않은 명진국 따님에게 맡겼는지 생각해 보고 삼신의 자격에 관해 이야기해 봅시다.

옥황상제가 명진국 따님에게 삼신의 임무를 맡긴 이유	
내가 생각하는 삼신의 자격	

명진국 따님과 동해 용왕의 따님이 느끼는 감정을 표현하기에 적합하다고 생각하는 단어를 〈보기〉에서 골라보고 선택한 이유를 이야기해 봅시다.

> 〈보기〉　미움, 우월감, 시기심, 열등감, 부러움, 사랑, 우정, 미안함,
>
> 　　　　질투심, 경쟁심, 승부욕, 성취욕

- 나는 명진국 따님이 (　　　　　)을 느꼈을 것이라고 생각해.
  왜냐하면 (　　　　　　　　　　　　　　　　)
- 나는 동해 용왕의 따님이 (　　　　)을 느꼈을 것이라고 생각해.
  왜냐하면 (　　　　　　　　　　　　　　　　)

명진국 따님에게 질투나 경쟁심을 느낀 동해 용왕의 따님의 행동은 잘못된 것일까요? 경쟁competition의 라틴어 어원은 'com(함께) petere(추구하다)'라는 뜻입니다. 동해 용왕의 따님이 느낀 경쟁심이나 질투가 잘못된 일이라고 생각한다면 그 이유를, 그렇지 않다고 생각한다면 왜 그런지 근거를 들어 논술해 봅시다.

4

난이도 ★★, 중등 도덕

동해 용왕의 따님은 부모님께 버릇없이 굴다가 쫓겨났고, 명진국 따님이 자신을 대신해 아이를 낳게 하자 화가 나서 명진국 따님을 마구 때리고 머리채를 잡으며 성질을 부렸습니다. 요즘 지하철에서 노인에게 막말과 삿대질을 하는 젊은이의 모습을 뉴스나 인터넷에서 본 적 있을 것입니다. 공공장소에서 나타나는 이런 행동은 단순히 개인의 문제만은 아닌 것 같습니다. 왜 이런 일이 일어나는지 이야기해 보고, 나에게 이런 일이 생긴다면 어떻게 행동해야 할지(방관자, 적극적 참여, 제삼자에게 도움을 청함) 이야기해 봅시다.

5

난이도 ★★★, 고등 사회문화

자신의 감정을 조절하지 못해 쫓겨난 동해 용왕의 따님은 옥황상제가 내준 과제에 진 것을 두고 명진국 따님에게 화를 냅니다. 다음 글을 읽고 '화'에 대한 나의 생각을 근거와 함께 논술해 봅시다.

> 화는 짧은 광기이다. (호라티우스)
>
> 화는 필요하다. 화를 내지 않으면 이길 수 없기 때문이다. (아리스토텔레스)

나의 운명은 나의 것
가믄장아기

　'운명적 사랑'이라는 말이 있습니다. 이미 태어날 때부터 그 사람과 만나도록 정해져 있고 결국 사랑에 빠질 수밖에 없다는 뜻이지요. 이렇게 필연적으로 맺어지는 사랑이라니 '운명'이라는 말까지 낭만적으로 들립니다.

　하지만 '운명'이라는 단어가 '운명 극복', '운명의 굴레'처럼 쓰이면 왠지 비극적이고 처절하게 느껴집니다. 결국 인간이 거부할 수 없는 어떤 절대적 힘에 지배당한다고 인정하는 꼴이 되기 때문입니다.

　그렇다면 운명이란 인간에게 어떤 의미일까요? 옛사람들도 이런 의문을 품었던 것 같습니다.

제주도의 무속 신화 〈삼공본풀이〉는 바로 이 '운명신'에 관한 이야기입니다. 이야기를 찬찬히 들어보면 운명신은 운명을 정해주는 신이 아니라 운명을 극복하도록 돕는 신에 가깝습니다. 주어진 운명이 있을지라도 그 운명에 순응할지 극복할지는 각자의 선택에 달려있는 것이지요.

운명신이 된 가믄장아기, 우리 신화 속 또 한 명의 여전사 같은 신을 소개합니다.

'가믄장아기'라는 이름은 독특합니다. '감다'라는 말이 '석탄처럼 짙은 빛깔을 띠다'라는 뜻을 지니는데요. 태어날 때부터 가난해 검은 나무그릇에 밥을 얻어먹어야 했기에 붙여진 이름입니다. 이름 속에 이미 한 아이의 어둡고 슬픈 삶이 비쳐 보이지요. 하지만 가믄장아기의 삶은 태어났을 때처럼 슬프고 처량하게 끝나지 않습니다. 오히려 통쾌하고 시원한 역전을 보여줍니다.

가믄장아기 신화는 한 아이가 태어나서 성인이 되고 성장하여 결국 운명신이 되기까지의 길고 긴 시간을 다룹니다. 주체적 여성의 상징이 된 가믄장아기의 인생 여정을 따라가다 보면 인물의 성장을 볼 수 있습니다. 이러한 서사 구조를 가진 옛이야기를 '영웅담' 또는 '성장담'이라고 부릅니다. 주인공에 주목하여 이야기를 살필 때 사건의 의미와 교훈을 찾을 수 있는 구조입니다. 그러면 이야기를 따라가 볼까요?

옛날 옛적에 강이영성과 홍운소천이 윗마을과 아랫마을에 살고 있었습니다. 두 사람은 몹시 가난하여 거지 생활을 했다고 합니다. 하루는 강이영성이 아랫마을로, 홍운소천이 윗마을로 음식을 얻으러 가다가 길에서 마주쳤습니다. 두 사람은 옷깃만 스쳐도 인연이라 여기며 인사를 나누었고 곧 가까워졌습니다. 아마 그때 이미 첫눈에 반했던 걸까요? 두 사람은 언약을 맺고 부부로 함께 살게 됩니다.

그런데 살림을 합쳤지만 가난에서 벗어나지는 못했습니다. 그 와중에 첫아이가 태어나자 동네 사람들은 아이가 불쌍하다며 은그릇에 음식을 담아주었고, 그래서 첫째 딸의 이름은 '은장아기'가 되었습니다. 둘째로 태어난 아이도 딸이었는데 그때는 살림이 조금 나아져 동네 사람들이 놋그릇에 음식을 담아주었고, 둘째의 이름은 '놋장아기'가 되었습니다. 셋째 아이가 태어날 무렵에는 형편이 조금 더 나아져 동네 사람들이 검은 나무그릇에 음식을 담아 축하했습니다. 그래서 셋째는 '가믄장아기'라 불리게 되었습니다.

마음이 따뜻해지는 이야기입니다. 넉넉지 않은 살림살이 속에서도 가난한 젊은 부부의 아이를 위해 십시일반* 정성을 모아주는 동네 사람들의 모습이 참 아름답습니다.

막내딸이 태어난 뒤로 강이영성과 홍운소천의 집은 점점 재산이 불어나 부자가 됩니다. 논밭도 생기고 소와 말이 늘어났으며 커다란 집을 짓고 사는 큰 부자가 되었지요. 강이영성과 홍운소천은 열심히 산 보람이 있다고 생각했을 것입니다.

가믄장아기가 열다섯 살이 되었을 때 강이영성과 홍운소천은 딸들을 불러놓고 문답놀이를 했답니다.

"은장아기야, 은장아기야, 너는 누구 덕에 밥을 먹고 옷을 입고 잘사느냐?"

"하늘님 덕이고 지하님 덕이지만, 아버님 덕이고 어머님 덕이지요."

"놋장아기야, 놋장아기야, 너는 누구 덕에 밥을 먹고 옷을 입고 잘사느냐?"

"하늘님 덕이고 지하님 덕이지만, 아버님 덕이고 어머님 덕이지요."

강이영성과 홍운소천은 만족하며 두 딸을 칭찬하고 방으로 들어가라고 합니다. 그리고 막내딸 가믄장아기에게도 묻

---

* 열 사람이 한 술씩 보태면 한 사람 먹을 분량이 된다는 뜻으로, 여러 사람이 힘을 합하면 한 사람 돕기는 쉽다는 말

습니다.

"가믄장아기야, 가믄장아기야, 너는 누구 덕에 밥을 먹고 옷을 입고 잘사느냐?"

"하늘님 덕이고 지하님 덕입니다. 아버님 덕이고 어머님 덕이지만 내 배꼽 아래 선그믓 덕으로 잘살지요."

가믄장아기의 대답에 강이영성은 화가 나 호통을 칩니다.

"이런 불효막심한 아이가 있는가. 얼마나 잘사는지 두고 보자. 너는 어서 빨리 집을 나가 혼자 살아보거라."

가믄장아기의 대답이 아버지 강이영성의 입장에서는 아주 발칙하게 들렸던 것 같습니다. 제주도에는 "내 배또롱 아래 선그믓 덕으로 잘산다."라는 말이 있는데 이는 자기 복으로 잘산다는 뜻입니다. 배또롱은 '배꼽'이고, 선그믓은 '배꼽에서 음부까지 내려온 선'을 말하지요. 여자는 선그믓이 짙을수록 복이 많고 잘 산다는 민간신앙이 있었습니다. 가믄장아기는 이렇게 당당하게 대답한 뒤 결국 집에서 쫓겨나게 됩니다.

언뜻 이 대목을 보면 부모의 모습이 매정하게 느껴지고 가믄장아기는 철없어 보이기도 합니다. 하지만 옛이야기 속 '집을 떠나는 장면'은 '성인식'의 의미와 연결됩니다. 누구나 성장하면 집을 떠나 한 사람의 어른으로서 자신의 삶을 책임져야 하는 순간이 오지요. 특별히 신이 된 아이, 가믄장아기의 이야기니 성장통을 통해 자신을 세워가는 것은 당연한 일이라 여겨집니다.

오히려 아버지 어머니의 마음을 거스르지 않고 안주하며 그 은혜를 입고 머무르려는 두 언니의 모습이 더 어리석어 보입니다. 이들의 모습에서는 부모에게 기대어 살아가려는 신인류, 즉 '캥거루족'*의 모습이 겹쳐 보입니다.

"아버님, 어머님 잘사십시오."

가믄장아기는 부모님께 하직 인사를 드리고 검은 암소에 짐을 싣고 정처 없이 길을 떠납니다. 막내딸의 하직 인사를 들은 어머니는 서운한 마음에 큰딸 은장아기를 불러 식은밥에 물이라도 말아 가믄장아기에게 전해주라고 하지요. 하지

---

* 나이가 들어도 부모님 곁을 떠나지 않고 부모님의 경제력에 의지해서 살아가는 사람을 뜻하는 신조어로 캥거루가 어미의 배 주머니 속에서 자라는 것을 빗대어 표현한 말.

만 욕심 많은 은장아기는 노둣돌 위에 올라서서 떠나는 가믄
장아기에게 말합니다.

"아우야. 빨리 가버려라. 아버지 어머니가 너를 때리러 오
신다."

그러자 가믄장아기는 대꾸합니다.

"큰형님은 노둣돌 아래에서 청지네로나 사십시오."

가믄장아기의 저주는 곧장 실현되어 은장아기는 그 자리에
서 청지네가 되고 맙니다.

아무리 기다려도 큰딸이 돌아오지 않자 어머니는 다시 놋
장아기에게 가믄장아기를 데려오라 합니다. 하지만 놋장아기
도 가믄장아기에게 똑같은 거짓말을 하지요. 이에 가믄장아

기는 놋장아기에게 거름무더기 아래 사는 말똥버섯으로나 살라고 저주합니다. 그리고 정말 그렇게 됩니다.

언니들의 행동은 얼핏 이해되지 않습니다. 사랑하는 동생이 집에서 쫓겨나는데 얼른 보내버리려고 하다니요. 아마도 부모님의 사랑을 독차지하려는 욕심 때문이었을 것입니다. 옛이야기 속에는 욕심쟁이가 자주 등장합니다. 이를 통해 '욕심은 잘못된 마음'이라는 것을 알려주려는 것이겠지요.

둘째 딸도 돌아오지 않자 강이영성과 홍운소천은 무슨 일인가 싶어 문밖으로 뛰어나가다가 그만 문지방에 눈이 찔려 두 눈이 멀고 맙니다. 결국 아무것도 할 수 없게 된 부부는 거지 신세로 전락합니다.

가믄장아기가 떠나는 순간 부모님까지 장님이 되다니 이야기가 다소 과하다는 생각도 듭니다. 그러나 우리 옛이야기의 구조를 보면 잘못된 일을 했을 때는 가차 없이 벌을 받고, 착한 일을 했을 때는 넘치는 복을 받는 것은 당연하게 여깁니다. 게다가 주인공이 힘을 가진 신적인 존재라면 더더욱 그렇지요. 두 언니가 저주를 받고 부모님이 장님이 되는 장면은 가믄장아기의 신으로서의 능력이 드러나는 대목입니다.

가믄장아기는 집을 떠나 이 산 저 산을 넘으며 머물 곳을 찾습니다. 그러다가 어느 산중에서 마 캐는 마퉁이 삼 형제를 만납니다. 큰형 마퉁이에게 머물 곳을 물어보지만 그는 들은 척도 하지 않고, 둘째 마퉁이한테 물어도 못 들은 척합니다. 그러나 막내 마퉁이는 친절히 대답하며 깊은 산 초막에 사는 백발 할머니에게 가보라고 알려줍니다.

가믄장아기는 그 집을 찾아가 하룻밤만 묵게 해달라고 부탁합니다. 하지만 할머니는 방이 없다며 거절합니다.

"좁은 방에 마퉁이 삼 형제가 살고 있으니 방을 빌려줄 수 없구려."

"방이 없으면 부엌 한구석이라도 좋으니 하룻밤만 묵게 해주십시오."

가믄장아기의 간곡한 부탁에 할머니는 그리하라고 허락합니다. 가믄장아기가 부엌 한구석에 들어앉아 있으니 우르릉탕 우르릉탕 소리를 내며 첫째 마퉁이가 들어옵니다.

"마를 캐서 배부르게 먹였더니 노인네가 집에 앉아 지나가는 계집애를 데려다가 놀기만 하고 있구나."하며 할머니를 타박합니다. 둘째 마퉁이도 들어와 똑같이 구박합니다.

그런데 막내 마퉁이는 부엌 구석에 쪼그리고 앉은 가믄장아기를 보며 말합니다.

"적막한 우리집에 검은 암소와 사람이 함께 왔으니 이는 하늘이 돕는 일 아닙니까!"

저녁이 되자 마퉁이 삼 형제는 마를 삶아 먹습니다. 그런데 첫째와 둘째 마퉁이가 하는 말이 참 심술궂습니다.

"어머니는 먼저 나서 많이 드셨으니 마 모가지나 드십시오."

"어머니는 먼저 나서 많이 드셨으니 마 꼬리나 드십시오."

그러고는 자기들은 마 잔등이를 우걱우걱 먹습니다. 그러나 막내 마퉁이는 마 잔등이를 어머니께 드리며 말합니다.

"어머니, 우리를 낳아 키우시느라 얼마나 수고가 많으셨습니까. 마 모가지와 마 꼬리는 제가 먹을 테니 마 잔등이는 어머니께서 드세요."

마퉁이 삼 형제의 모습은 가믄장아기네 세 자매와 닮았습니다. 첫째와 둘째는 심술 맞고 셋째가 착하고 지혜롭지요. 동서양을 막론하고 신화 이야기에서 '3'은 늘 완전수로 여겨집니다. 그리스 로마 신화에도 삼 형제가 자주 등장하고, 우리 신화에도 삼 형제, 삼 차사, 3일, 3년 등 숫자 3과 관련된 이야기가 많습니다. 1과 2는 음과 양, 남성과 여성, 홀수와 짝수, 하늘과 땅을 뜻하며 이 둘을 완전하게 아우르는 것이 숫자 3이라고 합니다. 그래서 숫자 3은 '완전함'과 '조화'를 의미하지요. 이 때문에 이야기 속 셋째들은 늘 착하고 지혜로운 것 같습니다.

가믄장아기는 검은 암소에서 쌀을 내려 흰 쌀밥을 지어 마퉁이 형제와 어머니께 대접합니다. 그러나 첫째와 둘째 마퉁이는 또 불같이 화를 냅니다. 조상 대대로 먹어본 적 없는 벌레 밥 같은 것은 먹지 않겠다고 하지요. 하지만 막내 마퉁이는 기꺼이 받아먹고 어머니께도 먹여드립니다. 그렇게 가믄 장아기와 막내 마퉁이는 마음을 나누고 짝을 이루어 함께 살 기로 약속합니다.

다음 날 가믄장아기는 신랑과 함께 삼 형제가 마를 캐는 곳에 갑니다. 첫째 마퉁이가 마를 캐던 자리에 누릿한 것이 있어 파보니 똥만 물컹물컹 나옵니다. 둘째 마퉁이의 자리를 파보니 지네와 뱀이 가득합니다. 그러나 막내 마퉁이의 자리를 파보니 누런 금덩이가 가득합니다.

마퉁이 삼 형제 이야기에서도 인과응보의 메시지가 분명하게 드러납니다. 성질 못된 형들은 벌을 받았지만 착한 막내 마퉁이는 금덩이를 얻어 가믄장아기와 함께 잘살게 되었습니다. 소와 말은 물론 논과 밭이 생기고 높은 기와집을 지어 보란 듯이 살아가게 되지요. 이 이야기에는 '운명신 가믄장아기를 잘 모시면 복을 받는다'는 메시지가 담겨있습니다.

하루는 가믄장아기가 막내 마퉁이에게 말합니다.

"낭군님, 우리는 이렇게 잘사는데 날 낳아준 어머니 아버지는 거지꼴로 살 것이 분명하니 거지 잔치를 열어 부모님을 찾아봐야겠습니다."

착한 막내 마퉁이는 그 말에 동의하며 거지 잔치를 석 달 열흘, 무려 백 일 동안이나 엽니다.

어디서 많이 본 듯한 이야기지요? 바로 거지 잔치로 아버지를 찾는 심청이 이야기와 닮았습니다. 이 두 이야기가 보여주는 우리네 가치는 '효'입니다. 아무것도 해준 게 없고, 오히려 자신을 힘들게 한 부모라 해도 다시 찾아 효를 실천해야 한다는 마음이 담겨있습니다. 또 다른 우리 신화 속 인물 '바리데기'도 자신을 버린 부모를 위해 고난을 마다하지 않고 약수를 구해오지요.

마침내 가믄장아기는 기다리던 부모님을 만납니다. 그런데 그녀는 일꾼에게 이상한 지시를 내립니다. 강이영성과 홍운소천에게는 밥을 주지 말라는 것이지요. 두 사람은 밥이 오길 기다리지만 달각달각 그릇 소리만 들릴 뿐 차례가 오지 않습니다. 위로 가면 아래에서 끊기고, 아래로 가면 위에서 끊겨 결국 부부는 주린 배를 움켜쥐고 울음을 터뜨립니다.

다른 거지들이 다 먹고 떠나자 그제야 가믄장아기는 부모를 방으로 모십니다. 그리고 살아온 이야기를 묻습니다.

"살아온 이야기라면 할 말이 많지요. 우리 부부는 은장아기, 놋장아기, 가믄장아기 세 자매를 낳고 천하의 거부로 살다가 가믄장아기를 쫓아낸 뒤 이렇게 장님이 되고 거지가 되어 막대기를 짚고 다니게 되었습니다."

그러자 가믄장아기가 술잔에 술을 철철 넘치게 부어 들고 말합니다.

"어머니, 어버지, 가믄장아기가 여기 있소. 이 술 한 잔 받으시고 어서 눈을 뜨십시오.”

이 말을 듣자마자 강이영성과 홍운소천은 눈을 뜨고 다시 잘살게 됩니다. 그리고 가믄장아기는 부모와 함께 오래오래 잘살다가 ‘전상’을 차지했다고 전합니다. 전상이란 ‘전생의 인연’을 뜻하는 제주도 방언입니다. 인간은 전생의 인연에 따라 운명이 정해지는데 가믄장아기는 바로 그 운명을 관장하는 신이 되었다는 것입니다.

제주 큰굿에서 행해지는 〈삼공본풀이〉는 나쁜 전상을 제거하고 좋은 전상이 오기를 기원하는 굿입니다. 거지 부부가 큰 부자가 된 것도, 벌을 받아 장님 거지가 된 것도, 다시 눈을 뜨고 부자가 된 것도 모두 가믄장아기의 덕입니다. 그러므로 가믄장아기는 사람의 행복과 불행을 좌우하는 신이 된 것이지요.

“내 덕에 먹고 삽니다.”라고 힘차게 외치며 자신의 삶을 주체적으로 살아간 가믄장아기의 모습 속에는 깊은 바닷물 속을 거침없이 헤엄치며 운명을 스스로 개척한 제주 해녀들의 삶이 비칩니다.

가믄장아기에게 복을 빈 옛사람들은 가난을 쫓고 복을 부르려는 간절한 마음을 〈삼공본풀이〉에 담았을 것입니다. 주어진 운명을 수동적으로 받아들이기보다는 가믄장아기처럼 당당하게 맞서 이겨내라고 응원하는 마음을 담았을 것입니다.

우리 신화와 함께하는 토론·논술 활동

다음 자료는 초·중·고등 교과와 연계해 논술 및 토론 활동에 활용할 수 있습니다. 문제의 난이도와 교과 수준에 맞추어 선택해 활용하세요.

1
난이도 ★, 초등 국어

가믄장아기는 집에서 쫓겨날 때 언니들이 심술을 부리자 언니들에게 '지네'와 '버섯'이 되라고 저주를 내립니다. 가믄장아기의 행동을 어떻게 생각하나요? 잘못을 저지른 사람에게 마땅한 벌을 내리는 것과 용서하는 것, 어느 쪽이 잘못을 뉘우치게 하는 데 더 좋은 방법일까요? 친구들과 함께 이야기를 나누고 글로 써봅시다.

2
난이도 ★, 초등 사회

'효'는 '보은의 정'이라고 말합니다. 그렇다면 나에게 정을 주지 않고 도움이 되지 않은 부모에게도 효를 다해야 할까요? 이에 대한 생각을 이유와 함께 글로 써봅시다.

'복(福)'이라는 글자는 원래 '示(보일 시)'와 '畐(가득할 복)'이 합쳐져 하나의 뜻을 이룬 한자입니다. 이는 '하늘이 내린 복'을 뜻하며, 사람의 힘을 초월한 운명을 의미합니다. 사람의 힘으로 어쩔 수 없는 하늘이 내리는 복이 있다는 생각은 농업 중심 사회였던 고대부터 하늘을 섬기는 마음에서 비롯된 것입니다. 그렇다면 사람에게는 실제로 '타고나는 복'이 있을까요? 아니면 복은 스스로 만들어가는 것일까요? 이에 관해 함께 토론해 봅시다.

가믄장아기는 복을 주는 신입니다. 사람들은 가믄장아기를 모시는 굿을 하며 액운은 물리치고 좋은 복이 깃들기를 기원했습니다. 예로부터 오복을 '수(壽, 장수), 부(富, 풍족), 강녕(康寧, 건강), 귀(貴, 명예), 자손이 중다(衆多, 자손이 많음)'라고 했습니다. 그렇다면 오늘날의 오복은 무엇이라 할 수 있을까요? 옛것과 조합해도 되고 새로운 것을 제시해도 좋습니다.

역사적 사실을 보면 고대와 중세 사회에서 대부분 여성이 남성에게 종속된 삶을 살아왔음을 알 수 있습니다. 그러나 옛이야기 속 여인들을 보면 오히려 남성을 이끌며 주체적인 삶을 사는 모습이 종종 나타납니다. 가믄장아기 역시 이러한 페미니즘적 요소를 담고 있습니다. 어떤 부분에서 그런 특징이 드러나는지 함께 찾아봅시다.

페미니즘은 여성의 권리와 기회의 평등을 핵심으로 하는 여러 형태의 사회적·정치적 운동과 이론들을 아우르는 용어이다. 다시 말해 여성과 남성의 관계를 살펴보고, 여성이 사회 제도 및 관념에 의해 억압되어 있다는 것을 밝혀내는 여러 가지 사회적·정치적 운동과 이론이다. 역사적으로 남성이 사회 활동과 정치 참여를 주도해 왔기 때문에 페미니즘은 여성의 권리를 주장하고 실현하는 것을 목표로 한다.

시간을 흐르게 한 사계절의 신
오늘이

봄이면 파릇파릇 새싹이 돋고 들판 가득 꽃이 피어납니다. 여름이 되면 초록 숲에 새 소리와 풀벌레 소리가 가득 들려오지요. 가을이 되면 온 산이 알록달록 단풍으로 물들고, 겨울이 되면 온 세상이 눈꽃으로 덮입니다. 이렇게 우리나라는 사계절이 참 아름다운 나라입니다. 그래서일까요? 우리나라에는 사계절을 주관하는 신에 관한 이야기도 있습니다.

사계절의 신 '오늘이' 이야기가 담긴 〈원천강본풀이〉는 그 어떤 신화 이야기보다 행복하고 아름답습니다. 이야기 속에 우리네 정과 사랑이 넘쳐나 편안하고 행복해집니다. 아름다운 자연만큼이나 아름다운 마음을 지닌 우리 조상들의 이야기지요. 그래서 오늘이 이야기가 보여주는 우리 민족의 정신은 바로 '더불어 사는 지혜'가 아닐까 생각하게 됩니다.

우리 신화의 주인공들이 대체로 그렇듯 오늘이도 어렵고 힘든 여정을 이어가며 자신을 성장시킵니다. 살아있는 사람이 저승으로 가는 길은 절대 만만치 않습니다. 하지만 꼭 만나고 싶었던 부모님을 찾아 머나먼 길을 홀로 또박또박 걸어갑니다.

오늘이는 연약해 보이는 소녀이지만 절대 연약하지 않습니다. 혼자이지만 슬프거나 외로워하지 않습니다. 헤쳐 나가야 할 과제들을 침착하게 해결해 나가지요. 오늘이가 가는 길에서 만난 친구들은 지친 오늘이를 기꺼이 쉬게 해주고 도움을 줍니다. 오늘이 역시 부모님을 만나고 돌아오는 길에 이 친구들의 문제를 하나하나 해결해 줍니다.

그리스 로마 신화에도 계절의 여신 '호라이'가 있습니다. 하지만 오늘이의 모습과는 사뭇 다릅니다. 법의 여신인 테미스와 제우스 사이에서 태어난 세 자매 에우노미아, 디케, 에이레네를 호라이라고 부르는데, 이들은 질서와 정의와 평화를 관장하는 신이면서 시간과 계절의 여신이기도 합니다. 세상을 다스리고 인간의 삶에 관여하지만 인간을 사랑하고 돕는 신이라 하기는 어렵습니다. 신들의 삶은 그들만의 리그일 뿐이지요. 호라이는 하늘의 문을 지키거나 미의 여신 아프로디테를 시중들기도 하지만 인간을 위해 직접 무엇을 하지는 않습니다.

그러나 오늘이는 인간을 돕기 위해 일합니다. 바로 그 점이 사람으로 태어나 사람들을 이해하고, 사람들의 삶을 돕는 우리 신들의 특징이라 할 수 있습니다.

사람들이 신을 찾는 이유는 아무리 생각해도 이해되지 않는 복잡한 세상일을 알고 싶거나 아무리 노력해도 해결되지 않는 어려움을 이겨내고 싶은 마음에서 비롯됩니다. 그래서 신화 속 대부분의 신은 사람이 가지지 못한 특별한 능력을 갖추고 있지요.

우리 신화의 원형을 많이 간직하고 있는 제주도의 본풀이에는 인간의 삶을 돕는 신이 많이 등장합니다. 불쌍한 사람을 돌보는 칠성신, 아이를 점지해 주는 삼신할미, 집을 지키는 성주신 등 삶 곳곳에서 신이 인간을 돕는다고 믿었습니다. 사람들은 이 신들을 정성껏 모시면 복을 얻을 수 있다고 여기며 삶의 위로를 받았지요.

하지만 오늘이는 우리 신 중에서도 조금 특별합니다. 특별한 능력을 갖춘 것이 아니라 따뜻한 마음으로 자신이 할 수 있는 최선을 다해 사람들을 돕다가 아름다운 자연을 선사하는 계절의 여신이 됩니다.

대지의 여신 데메테르는 알지만 우리의 여신 자청비는 모르고, 계절의 여신 호라이는 알지만 우리의 여신인 오늘이를 모른다면 안 되겠지요. 사랑스러운 우리 여신, 오늘이를 소개합니다. 오늘이를 통해 나눔의 의미와 상생의 가치를 배울 수 있게 될 것입니다.

아득한 옛날, 적막한 들에 여자아이 하나가 나타났습니다. 옥처럼 곱고 고운 아이였지요. 아이를 발견한 사람들은 아이에게 물었습니다.

"너는 누구니? 이름은 무엇이고 어디서 왔니?"

"저는 이름도 모르고 성도 모른답니다. 그냥 들판에서 태어나 들판에서 살았답니다."

"그러면 지금까지 어떻게 살아왔단 말이니?"

"하늘에서 학이 날아와 한쪽 날개를 깔아주고, 다른 한쪽 날개로 덮어주며 먹을 것을 갖다주었지요. 아플 땐 야광주* 를 물려주기도 했답니다."

사람들은 이름도 없고 생일도 없는 아이에게 '오늘'을 생일로 삼고, 이름도 '오늘이'라고 지어주었습니다. 그리고 마을에서 함께 살게 했습니다.

어린 시절, 부모가 없던 오늘이를 보살펴준 것은 바로 자연

---

* 어두운 데서 빛을 내는 구슬. 옛이야기에 등장하며 주로 용의 여의주같이 신비한 힘이 있다고 여겨졌다.

이었습니다. 어디선가 커다란 학이 날아와 불쌍한 아이를 지켜주었다고 하지요. 옛사람들은 하늘을 나는 새를 특별하게 여겼습니다. 하늘과 맞닿아 날아다니니 하늘나라 신들과 통하는 신성한 존재라 여겼던 것입니다. 특히 학은 신선과 더불어 사는 특별한 새라 여겼습니다. 그래서 신이 된 소녀 오늘이도 학이 곁에서 보살펴주었으리라 생각했을 것입니다.

어느 날, 오늘이는 우연히 박이왕의 어머니인 백씨부인을 만났습니다. 그런데 백씨부인이 오늘이를 알아보았습니다.

"너는 오늘이가 아니냐? 네 부모가 계신 곳을 아느냐?"

"모릅니다. 부모님을 한 번이라도 뵐 수 있다면 얼마나 좋겠습니까?"

"너희 부모님은 원천강에 계시단다. 원천강 신관 선녀가 되어 원천강을 지키고 계시지."

마을 사람들의 사랑을 듬뿍 받으며 자랐지만 오늘이는 부모가 누구인지, 어디에 있는지 늘 궁금했습니다. 부모님을 찾을 수 없는 외로움에 슬퍼하기도 했지요. 그러다 부모님의 소식을 알게 되었으니 얼마나 기뻤을까요?

오늘이는 곧장 부모님을 찾아 길을 나섭니다. 하지만 원천강은 이승이 아니라 저승에 있는 곳, 사람이 갈 수 없는 곳이었습니다. 가는 길조차 알 수 없었지요.

오늘이는 부모님께 가는 길을 찾아 헤매다 흰모래마을 별

층당에서 글을 읽고 있는 도령이 원천강 가는 길을 알고 있다는 이야기를 듣게 됩니다. 오늘이는 꼬박 하룻길을 걸어 도령을 만납니다. 그리고 묻지요.

"저는 오늘이라고 합니다. 부모님을 찾아 원천강으로 가는 중입니다. 원천강 가는 길을 알려주세요."

"저는 장상이라고 합니다. 원천강은 아주 멀리 있습니다. 서쪽으로 계속 가다 보면 연화못이 나오는데 그곳에 있는 연꽃나무에게 길을 물으면 원천강으로 가는 길을 알려줄 것입니다."

장상도령은 길을 알려주며 한 가지 부탁을 했습니다. 자신은 밤낮없이 글만 읽고 집 밖으로 나갈 수도 없는 신세인데 왜 이런 벌을 받게 되었는지 원천강에 가서 알아봐달라는 것이었습니다.

원천강은 세상의 모든 이치를 알 수 있는 곳이라고 전해집니다. 인간의 지혜로는 도무지 알 수 없는 세상살이의 수수께끼, 그 '왜?'라는 질문을 풀어보고자 사람들은 원천강을 상상했는지도 모릅니다.

오늘이가 만나는 인물들은 하나같이 스스로 풀 수 없는 사연을 안고 있습니다. 착하고 마음 깊은 오늘이는 그들의 사정을 소중히 간직하며 원천강을 찾아갑니다.

연화못의 연꽃은 오늘이에게 아랫길로 곧장 가서 청수 바다에 사는 커다란 이무기에게 길을 물어보라고 알려줍니다. 그러면서 자신도 부탁을 합니다. 왜 윗가지에만 꽃이 피고 다른 가지에는 꽃이 피지 않는지 꼭 알아봐달라고요. 오늘이는 그러겠다고 약속하고 다시 길을 떠납니다.

청수 바다의 이무기는 오늘이를 태우고 바다를 건네주며 묻습니다.

"다른 뱀들은 야광주를 하나만 물어도 용이 되어 승천하는데 나는 왜 야광주를 셋이나 물고도 용이 되지 못하는지 꼭 알아봐주시오."

오늘이는 이번에도 그러겠다고 약속합니다.

이무기가 태워준 곳으로 간 오늘이는 '매일이' 아가씨를 만납니다. 매일이는 원천강 가는 길을 알려주며 밤낮으로 책만 읽어야 하는 이 벌이 언제 끝날지 알아봐달라고 부탁합니다. 오늘이는 또다시 그러겠다고 약속합니다.

마지막으로 오늘이는 매일이가 알려준 선녀들을 만납니다. 하늘나라 천하궁에서 벌을 받아 우물가에서 물을 긷는 선녀들이었습니다. 그러나 그들이 사용하는 두레박에는 구멍이 뚫려있어 아무리 물을 퍼도 채울 수가 없었습니다. 선녀들은 울면서 말했습니다.

"우물물을 다 퍼내야 하늘나라로 돌아갈 수 있는데 구멍 난 두레박으로는 아무리 애써도 끝낼 수가 없답니다."

오늘이는 덩굴을 뭉쳐 구멍을 메우고 송진을 녹여 틈을 막

아 물 한 방울도 새지 않는 두레박을 만들어주었습니다. 그
리고 선녀들의 도움으로 마침내 원천강 문 앞에 도착합니다.

오늘이의 여정은 마치 여전사의 행보와도 같습니다. 그러
나 강하고 거친 여전사가 아니라 겉으로는 부드러워 보이지
만 내면은 꿋꿋하고 강인한 외유내강(外柔內剛, 겉으로는 부드
럽고 순하게 보이나 속은 곧고 굳세다는 말)의 모습을 보여줍니다.

오늘이가 만난 이들의 공통점은 바로 그들의 '시간이 멈추
어있다'는 것입니다. 변화 없는 그들의 모습은 삶보다는 죽음
과 닮아있습니다. 하지만 오늘이를 만나 그들의 시간이 다시
흐르게 됩니다.

오늘이는 드디어 부모님이 계신 원천강에 도착했지만 원천
강을 둘러싼 높디높은 성 앞에서 좌절합니다. 문지기가 이승
사람인 오늘이에게 성문을 열어주지 않았던 것입니다. 오늘
이는 성문 앞에서 서럽게 울었습니다.

그 울음소리를 들은 원천강 신관이 문을 열어 아이를 들이라고 합니다. 드디어 성문이 열리고 오늘이는 부모님을 만납니다.

오늘이는 자신이 태어난 날 옥황상제의 부름을 받아 원천강 신관이 되어야 했던 부모님의 사연을 듣고 이해하게 됩니다. 그리고 부모님과 행복한 시간을 보냅니다. 원천강에 있는 네 개의 문을 오가며 봄, 여름, 가을, 겨울 사계를 누립니다.

하지만 오늘이는 그 행복한 시간에 머물러있지 않습니다. 부모님을 만났으니 이제 도움을 받은 이들에게 은혜를 갚으러 떠나야 한다고 말하지요. 원천강 신관인 부모님께 지금까지 만난 이들의 사연을 전하고 그 해결책을 들은 뒤 다시 길을 나섭니다.

부모님과 함께 머무르지 않고 돌아가려는 오늘이의 결심은 인간적으로 이해하기 어렵습니다. 원천강에서 부모님과 행복하게 지내면 될 텐데 굳이 힘든 길을 택하니 말입니다. 하지만 그 모습에서 우리는 '신의(信義)'라는 가치를 떠올립니다. 약속을 지키는 것, 그것이야말로 험한 세상살이 가운데서 사람들 사이를 이어주는 힘이 되니까요.

오늘이는 돌아오는 길에 먼저 매일이를 만나 함께 길을 나섭니다. 매일이의 문제는 어떻게 풀릴까요? 오늘이와 매일이는 이무기의 도움으로 바다를 건너고 오늘이는 이무기에게 용이 되는 방법을 알려줍니다. 용이 되지 못했던 이유는 욕심이 지나쳐 야광주를 세 개나 품고 있었기 때문이었습니다. 그중 두 개를 오늘이에게 주고 하나만 간직하자 드디어 용이 되어 승천했습니다. 무엇이든 지나친 욕심은 해롭다는 교훈이 담겨있습니다.

연꽃나무에게는 하나뿐인 꽃을 처음 만나는 사람에게 주라고 합니다. 연꽃나무는 망설임 없이 꽃을 꺾어 오늘이에게 주자 온 나무에 꽃이 가득 피어났습니다. 가진 것을 나누는 희생이 더 큰 열매를 맺게 한다는 이치가 숨어있습니다.

이제 오늘이와 매일이는 장상도령이 있는 곳에 도착합니다. 장상도령과 매일이는 부부의 연을 맺어 오순도순 살며 벌을 끝낼 수 있었습니다. 혼례를 인생의 완성으로 여겼던 우리 조상들의 생각이 엿보입니다.

다시 혼자가 된 오늘이는 자신을 기다린 백씨부인에게 이무기가 준 야광주 하나를 선물합니다. 은혜를 잊지 않는 오늘이의 모습이 더욱 빛납니다.

그렇게 장한 일을 해낸 오늘이는 옥황상제의 부름을 받아 사계를 돌보는 신, 시간의 여신이 됩니다.

오늘이 이야기를 살펴보면 오늘이뿐만 아니라 장상도령과 매일이, 연꽃나무와 이무기까지도 모두 숙명에 매여 어쩔 수 없는 존재였습니다. 하지만 오늘이는 운명에 머물러있지 않고 그것을 극복했으며 자신을 도와준 이들의 삶까지도 바꾸어놓았습니다.

한 손에는 야광주를, 또 한 손에는 연꽃을 든 오늘이.

오늘이 이야기에는 시간의 흐름이 담겨있습니다. 시간은 '오늘'이라는 순간이 모여 만들어집니다. 하루하루를 소중히 여기며 살아갈 때 비로소 아름다운 시간이 쌓여가는 것이지요.

과거의 시간, 현재의 시간, 미래의 시간, 오늘이는 이 모든 시간이 멈춘 것이 아님을 알려줍니다.

귀를 기울여 보세요. 지금도 오늘이는 우리의 아름다운 사계를 지켜주며, 주어진 시간은 놓칠 수 없는 소중한 것이라고 원천강 어딘가에서 조용조용히 알려주고 있을 것입니다.

우리 신화와 함께하는 토론·논술 활동

다음 자료는 초·중·고등 교과와 연계해 논술 및 토론 활동에 활용할 수 있습니다. 문제의 난이도와 교과 수준에 맞추어 선택해 활용하세요.

1 난이도 ★, 초등 국어

오늘이의 부모님은 옥황상제의 부름 때문에 어쩔 수 없이 자기가 낳은 아이를 버려두고 원천강 신관이 되었다고 합니다. 부모님의 행동에 관해 아래 두 의견 중 하나를 선택하고 이유를 생각하며 토론해 봅시다.

옥황상제의 부름은 거부할 수 없으므로 어쩔 수 없는 선택이었다.	자신의 아이를 버려두고 가는 일은 무책임한 행동이다.

오늘이가 부모님을 찾아가며 만난 인물들은 저마다 특별한 사연을 가지고 있습니다. 오늘이가 만난 인물들을 캐릭터로 만들어봅시다. 이야기 속에서 보인 행동을 살펴보며 인물들이 어떤 성격일지 이야기해 보고, 그 성격에 어울리는 표정을 담아 캐릭터를 완성해 보세요.

장상도령	매일이	오늘이
원천강 신관(아버지)	선녀 1	선녀 2

오늘이는 원천강으로 가는 길에 만난 친구들과의 약속을 끝까

지 지킵니다. 오늘이 이야기와 '다몬과 피시아스의 이야기'를 비교하며 약속을 지키는 것과 서로에 대한 믿음이 왜 중요한지 이야기해 봅시다.

기원전 4세기경, 그리스의 피시아스라는 젊은이가 교수형을 당하게 됐다. 그는 자신의 죄를 뉘우치고 기꺼이 교수형을 당하겠다고 했지만 집에 돌아가 연로하신 부모님께 마지막 인사를 하게 해달라고 간청했다. 하지만 왕은 이를 허락하지 않았다. 번거로운 선례를 남기지 않기 위해서였다. 만약 피시아스에게 작별 인사를 허락할 경우 다른 사형수에게도 공평하게 시간을 줘야 한다. 그리고 만약 사형수 중 부모님과 작별 인사를 하겠다며 집에 다녀오겠다고 했다가 도망치는 사람이 생긴다면 국법과 질서가 흔들릴 수도 있었다.

왕이 고심하고 있을 때 피시아스의 친구 다몬이 피시아스가 돌아올 때까지 자신이 그 자리를 지키겠노라고 나섰다. 왕은 피시아스가 돌아오지 않으면 다몬을 교수형에 처하겠다고 했다. 그리고 다몬을 피시아스 대신 감옥에 가두었다.

그러나 피시아스는 교수형을 집행하는 날까지 돌아오지 않았고, 사람들은 바보 같은 다몬이 죽게 됐다며 비웃었다. 하지만 다몬이 교수대로 끌려 나왔을 때 멀리서 다급하게 말을 타고 달려오며 소리치는 사람이 있었다. 그는 피시아스였다. 왕은 이들의 우정과 신의에 감동해 피시아스의 죄를 사면했다.

오늘이는 자신을 도와준 모든 사람에게 기꺼이 은혜를 갚습니다. 여러분은 누군가에게 도움을 받거나 받은 은혜를 되돌려준 경험이 있나요? 자신의 경험을 바탕으로 더불어 살아가는 사회에서 '서로 돕는 일'이 왜 중요한지 논술해 봅시다.

2003년 이성강 감독은 우리 신화 속 오늘이 이야기를 바탕으로 단편 애니메이션 〈오늘이〉를 만들었습니다. 그러나 원전 신화 〈원천강본풀이〉가 '착하게 살아라'는 교훈에 방점을 찍고 있다면 애니메이션 〈오늘이〉는 '행복하게 살아라'는 메시지를 강조합니다. 그렇다면 가치관의 변화를 이끈 사회적 배경은 무엇일까요? '권선징악'이 강조되던 과거 사회와 '개인의 행복'이 중시되는 현대 사회의 특징을 비교해 설명해 봅시다.

사랑과 인내로 농사를 다스리는
자청비

농사를 지을 때 필요한 것은 무엇일까요? 먼저 농사지을 땅이 있어야 하고 그 땅에 뿌릴 씨앗이 있어야 합니다. 지금은 기계가 대신하지만 옛날에는 밭을 갈 때 소와 같은 가축이 꼭 필요했지요. 그리고 풍년이 들려면 기후, 즉 해와 비와 바람이 적절하게 도와주어야 합니다.

그런데 여러분은 우리나라에 농사를 주관하는 신이 있다는 사실을 알고 있나요? 기후를 맡은 상세경신 문도령, 땅과 씨앗을 맡은 중세경신 자청비, 가축을 맡은 하세경신 정수남. 이들이 바로 농사의 신 이야기의 주인공들입니다.

제주도에서만 전해 내려오는 〈세경본풀이〉 속 세 인물 가운데 가장 매력적인 인물은 단연 자청비입니다. 바리데기가 우리 신화의 대표 여신이라면 자청비는 제주를 대표하는 여신이지요. 그렇다면 자청비는 어떤 매력을 갖고 있을까요? 이야기를 통해 만나보겠습니다.

김진국 대감과 조진국 부인은 결혼한 지 15년이 지나도록 자식이 없었습니다. 어느 날 시주를 청하러 온 스님에게 김진국이 자식 없는 한탄을 하자 스님은 부처님께 백 근의 정성을 올리면 아들이 태어날 거라고 했습니다. 그런데 김진국은 약속과 달리 한 근을 빼고 아흔아홉 근의 정성만 올렸고 그 결과 아들이 아닌 딸이 태어났습니다. 가부장제 사회에서 여성이 부족한 존재로 그려지는 대목이지요.

그래도 부처님께 공들여 얻은 아기였기에 '스스로 청해 얻은 아이'라는 뜻으로 이름을 '자청비'라고 지었습니다.

자청비는 부잣집에 태어나 귀하게 자라며 곱게 성장했습니다. 그러나 농사의 신 세경신이 되기까지는 많은 시련을 겪어야 했습니다. 자청비는 역경 앞에서 물러서거나 포기하지 않고 지혜롭고 당당하게 맞서 자신의 삶을 개척했습니다. 그녀는 여성임에도 불구하고 남성 못지않은 영웅적 기상과 지혜를 지녔습니다.

부모님의 사랑을 받으며 자란 자청비는 어느덧 열다섯 살이 되었습니다. 어느 날 하녀의 손이 유난히 고운 것을 보고는 "어찌 손이 그리 고우냐?"라고 묻자 하녀는 주천강 연못에서 빨래하면 손이 고와진다고 말했습니다. 자청비가 하녀의 피부에 관심을 두었다는 것은 여인으로서의 자아 나아가 사랑에 눈뜨게 되었음을 의미합니다.

자청비는 하녀의 말대로 주천강 연못에 빨래하러 갔다가 글공부하러 가던 문도령을 만나게 됩니다. 문도령은 학자의 신 문곡성의 아들이었습니다. 두 사람은 사랑에 빠졌고 자청비는 그를 따라 글공부하겠다고 결심합니다.

부모가 반대했지만 자청비는 "글을 모르면 부모 제삿날 지방도 쓸 수 없습니다."라며 설득했습니다. 그녀는 결국 남장을 하고 문도령을 따라나섰습니다.

서당에서 문도령과 자청비는 한방에서 지내게 되었습니다. 자청비는 여자라는 사실이 들통나지 않도록 문도령과 사이에 물그릇을 두고 자곤 했습니다. 이런 당차고 능동적인 행동은 앞으로 그녀가 얼마나 씩씩하게 운명을 헤쳐 나갈지 짐작하게 합니다.

서당 스승은 자청비의 정체를 의심하며 시험을 내곤 했습니다. 그러나 그때마다 자청비는 기지를 발휘해 문도령에게 뒤지지 않았습니다. 공부는 물론 달리기, 활쏘기, 씨름 심지어는 오줌 누기 시합까지 모두 이겼습니다. 그녀는 남성 중심 사회의 횡포에 맞서 남성의 통과의례를 하나하나 넘어선 것입니다.

어느 날, 하늘나라 옥황상제의 부엉이가 문도령에게 편지를 전해왔습니다. 그 내용은 "3년 동안 글공부를 했으니 이제 하늘로 올라와 서수왕의 딸과 혼인하라"는 명령이었습니다. 문도령에게서 그 이야기를 들은 자청비는 "올 때도 함께 왔으니 갈 때도 같이 가자"며 서당에 작별 인사를 하고 길을 나섭니다.

길을 가던 중 냇가에 이르자 자청비는 목욕하자고 청합니다. 자청비는 위쪽에서, 문도령은 아래쪽에서 몸을 씻었습니다. 자청비는 수양버들잎에 글귀를 써서 물에 띄워 보낸 후 자리를 떠났습니다.

문도령은 편지를 읽고 자청비를 따라갔습니다. 집에 돌아온 자청비는 부모님께 인사를 드리고, 자신의 정체를 속였던 마음을 사랑으로 풀어냈습니다.

다음 날 문도령은 상동나무 얼레빗을 꺾어 자청비에게 증표로 주며 "새로 꽃이 피고 열매가 맺을 때 돌아오겠다"는 약속을 남기고 하늘로 올라갔습니다. 그러나 약속한 시각이 지나도 문도령은 돌아오지 않았습니다.

기다림이 길어지던 어느 날 자청비는 정수남이 게으름만 피우는 것을 꾸짖었습니다. 그러자 정수남은 "말 아홉 필과 소 아홉 마리 그리고 도끼를 주면 일을 하겠다"고 했습니다. 요구한 대로 주었지만 정수남은 산속에 들어가 잠만 잤습니다. 결국 갈증으로 죽은 가축들을 구워 먹고는 빈손으로 내려왔습니다.

그러던 정수남은 문도령을 애타게 기다리는 자청비에게 "내가 그가 있는 곳으로 데려다주겠다"고 거짓말을 했습니다. 자청비는 기쁜 마음에 의심 없이 정수남을 따라나섰습니다. 그러나 정수남은 말안장 안에 소라껍데기를 넣어 자청비가 말을 타지 못하게 하고, 고사를 지낸 음식과 점심으로 가져온 범벅까지 혼자 먹어 치웠습니다. 심지어 자청비에게는 소처럼 엎드려 물을 마시라며 모욕을 주었습니다.

결국 거짓이 드러나자 정수남은 대놓고 자청비를 농락하려 했습니다. 자청비는 그를 달래는 척하다가 청미래덩굴 꼬챙이로 찔러 죽였습니다.

집에 돌아온 자청비는 종을 죽였다고 부모에게 꾸중을 들었습니다. 부모는 "딸은 시집가면 그만이지만 종은 살려두면 우리 두 늙은이의 생계를 돕는다"며 정수남을 죽인 자청비를 탓했습니다.

현대적인 시각으로 보면 자청비 부모의 반응은 이해하기 어렵지만 당시 자청비가 살던 고대 농경사회에서는 이야기가 달랐습니다. 농사에서 가장 중요한 것은 노동력이었고, 정수남은 그 노동력을 상징하는 존재였습니다. 자청비의 부모가 딸보다 종을 더 중히 여긴 사실은 제주 사회에서 남성의 노동력이 얼마나 귀하게 여겨졌는지를 보여주는 대목입니다.

자청비는 남장하고 길을 떠납니다. 서천꽃밭까지 이른 자청비는 꽃밭을 해치는 부엉이를 잡아주었고, 그 공으로 서천꽃밭 꽃감관의 막내 사위가 됩니다. 서천꽃밭을 구경하던 자청비는 살오를꽃, 피오를꽃, 도환생꽃을 발견해 꺾어 주머니에 넣어둡니다. 그러고는 꽃감관의 막내딸에게 과거를 보러 다녀오겠다고 말한 뒤 집으로 돌아옵니다.

자청비는 서천꽃밭에서 얻은 꽃으로 정수남을 되살렸지만 이번에는 '사람을 죽이고 살리고 하는 년, 집안 망칠 년'이라며 부모님은 자청비를 집에서 쫓아냅니다.

두 번이나 내쫓긴 자청비는 주모할망을 만나 그녀의 수양딸이 됩니다. 주모할망은 하늘나라 문도령의 혼례복을 짜고 있었고 자청비도 함께 베를 짜며 자신의 이름을 섬세하게 짜 넣습니다.

글 공부도 능했던 자청비는 베 짜기에도 뛰어난 솜씨를 보입니다. 이는 자청비가 부모라는 울타리에서 벗어나 성인으로 자립할 수 있는 능력을 갖추었음을 상징합니다. 문도령은 혼례복에서 자청비의 이름을 발견하고 그녀를 찾아 지상으로 내려옵니다. 그러나 자청비의 실수로 바늘에 문도령의 손이 찔리자 그는 발끈해 다시 하늘나라로 올라가버립니다. 주모 할망에게도 쫓겨난 자청비는 결국 머리를 깎고 중이 됩니다.

한편, 문도령은 금세 자청비를 그리워해 선녀들에게 자청비와 함께 목욕하던 물을 떠 오게 합니다. 이때 자청비가 선녀들을 도와주며 하늘나라로 올라가 두 사람은 재회합니다. 하지만 결혼을 허락받기 위해 자청비는 시련을 치러야 했습니다. 숯불을 피운 구덩이 위에 거꾸로 세운 칼날을 밟고 걸어야 하는 시험이었습니다. 자청비는 그 극한의 시험을 무사히 통과하고 마침내 문도령과 혼인합니다.

그러나 행복은 오래가지 않았습니다. 자청비의 미모가 하늘나라에 알려지자 많은 선비가 그녀를 빼앗으려 계략을 꾸밉니다. 이를 눈치챈 자청비는 문도령에게 술을 권하는 자리를 조심하라 당부했지만 문도령은 이를 거절하지 못하고 술에 취해 목숨을 잃습니다. 자청비는 기지를 발휘해 선비들을 따돌리고 다시 남장한 후 서천꽃밭 꽃감관의 사위로 돌아가 도환생꽃을 얻어 문도령을 되살립니다.

다시 살아난 문도령에게 자청비는 그간의 이야기를 들려주고 은혜를 갚으려 그를 서천꽃밭 막내딸에게 보냅니다. 보름씩 양쪽 집을 오가며 남편 노릇을 하라고 했지만 문도령은 서천꽃밭 막내딸과 노느라 약속을 잊어버리고 맙니다. 이에 자청비는 '시부모가 돌아가셨다'는 거짓 편지를 보내 문도령을 돌아오게 만듭니다.

문도령은 과연 자청비의 사랑을 받을 자격이 있었을까요? 문도령은 자청비와 사랑을 나누고 하늘로 올라간 후 다시 오겠다는 약속을 까맣게 잊었습니다. 오랜 시간이 흐른 후 주모할망 집에서 자청비를 다시 만났지만 자청비의 작은 실수에 화를 내고 하늘로 올라가버렸습니다. 그러고는 금세 자청비를 그리워하죠. 또 자청비의 말을 듣지 않아 선비들의 계략에 목숨까지 잃었습니다. 게다가 목숨을 살려준 자청비를 뒤로하고 서천꽃밭 막내딸에게 빠져 세월을 보내는 것을 보면 한심하기 짝이 없습니다. 어쩌면 이렇게 지조도 없고, 유약하며, 변덕스러울 수 있을까요? 자청비는 문도령의 어떤 면에 끌려 불 속 칼날 위를 걸으면서까지 사랑을 이루었을까 하는 의문마저 생깁니다.

이런 문도령의 성격으로 알 수 있듯이 하루하루의 기후는 어떤가요? 기상청도 잘 모르는 게 날씨 아닌가요? 아마도 눈치챘을 겁니다. 문도령이 기후를 관장하는 신이 된 이유를 말이에요.

그러던 어느 날, 하늘나라에 변란이 일어났습니다. 자청비는 서천꽃밭에서 생명을 죽이는 악심꽃을 가져와 난을 평정합니다. 이에 감탄한 옥황은 자청비에게 열두시만곡(모든 곡식의 씨앗)을 내리고, 자청비는 백중날 문도령과 함께 인간 세상으로 내려옵니다.

그러나 부모는 이미 세상을 떠났고, 정수남은 굶어 죽어가고 있었습니다. 자청비는 그에게 밥을 나누어준 늙은이의 밭에는 풍년을, 밥을 주지 않은 아홉 형제의 밭에는 흉작을 내리고, 정수남을 목축의 신으로 좌정시켜 마불림제 *를 얻어먹고 살게 했습니다.

곡식의 씨앗을 뿌리던 자청비는 메밀 씨를 빼놓았다는 것을 깨닫고 다시 하늘나라에 올라가 메밀 씨를 가져옵니다. 이 때문에 메밀은 다른 곡식보다 늦게 익게 되었다고 전합니다.

그러면 자청비는 왜 농경의 신이 되었을까요? 아마 자청비의 사랑 때문이라고 생각합니다. 비록 하늘나라 옥황이 모든 곡식의 씨앗을 내주어 농경의 신이 되게 했지만 옥황이 그녀에게 씨앗을 준 까닭 역시 여기에 있다고 볼 수 있습니다.

---

* 제주도에서 음력 7월 14일 무렵에 장마 동안 생긴 곰팡이 따위를 씻어내기 위해 지내는 제의

　사람을 죽이고 살리게 하는 능력, 온갖 시련과 역경을 이겨낸 지혜와 힘, 정말 미우면서도 정이 드는 정수남과 미워할 수 없는 남편 문도령을 이해하고 받아들인 포용력 등은 농사를 짓는 과정과 매우 닮아있습니다.

　자청비는 농사의 풍년과 흉년을 다스립니다. 메마른 땅을 갈고, 땅속 씨앗을 싹 틔워 생명을 솟아오르게 하는 것은 서천 꽃밭에서 얻어온 꽃으로 정수남과 문도령을 살려낸 것과 같습니다. 또한 자청비가 열다섯 살 이후 겪은 온갖 시련과 역경은 한 해 농사를 지으며 마주하는 자연재해를 상징합니다. 사랑과 인내, 이 모든 것이 농사를 다스릴 자격이라 할 수 있습니다.

　가난한 백성들을 위해 씨를 골라주고, 씨앗이 죽지 않기를 바라는 마음을 담아 주문을 외워주며, 풍년이 들게 해주는 농경의 신 자청비 이야기. 이 이야기에는 제주의 척박한 땅을 일구며 살아간 가난한 백성들의 소망이 깃들어있습니다.

우리 신화와 함께하는 토론·논술 활동

다음 자료는 초·중·고등 교과와 연계해 논술 및 토론 활동에 활용할 수 있습니다. 문제의 난이도와 교과 수준에 맞추어 선택해 활용하세요.

1 난이도 ★, 초등 국어

김용택 시인의 '우리 아빠'는 농사짓는 아버지의 모습을 담고 있습니다. 시를 읽고 난 뒤 느낀 점을 자유롭게 이야기해 봅시다.

우리 아빠

김용택

아침밥 먹고
우리 아빠는 논에 갑니다.
저녁에 집에 오면
흙 묻은 얼굴
흙 묻은 손과 발을 씻지요.
나는 밥 먹을 때
우리 아빠를 생각합니다.

자청비는 문도령과 글공부를 떠날 때, 또 정수남을 구하러 서천
꽃밭으로 갈 때 남장하고 길을 나섭니다. 남장했던 자청비의 모
습을 통해 당시 사회의 통념에 관해 이야기해 봅시다.

사회적 통념	나의 의견

자청비는 서천꽃밭의 막내딸과의 혼인 약속을 지키기 위해 문
도령을 그곳에 보내 보름 동안 살게 합니다. 그러나 문도령은 서
천꽃밭 막내딸에게 마음을 빼앗겨 자청비와의 약속을 어기고
맙니다. 이 이야기가 우리에게 전하는 의미가 무엇일지 생각해
봅시다.

자청비는 화성과 목성 사이의 소행성대에서 가장 큰 천체인 왜행성 '케레스Ceres'의 크레이터(구덩이) 이름으로도 사용됩니다. 국제천문연맹은 2017년 8월 케레스에서 발견된 13곳의 크레이터 명칭을 공식 승인했는데 그중 한 곳에 '자청비'라는 이름을 붙였습니다. 왜 이런 이름을 붙였는지 그 의미는 무엇일지 이야기해 봅시다.

우리나라 신화에서 대표적인 여신을 꼽자면 바리데기와 자청비가 있습니다. 두 여신은 어떤 점에서 닮았고, 또 어떤 점에서 다를까요? (예: 신의 영역, 신의 성격, 남장을 한 이유, 서천꽃밭의 꽃으로 목적을 이룬 행적 등)

운명을 넘어
신이 된 영웅들

믿음으로 역경을 극복한
황우양씨와 막막부인

인류가 처음으로 만든 신석기 시대의 움집부터 현대 사회의 건물까지 우리가 살아온 집은 수많은 발전을 거듭해 왔습니다. 특히 땅이 좁은 대한민국 사람들에게 집을 소유하는 것은 큰 소망이지요. 집값이 오르내리는 상황 속에서 누군가는 웃고 누군가는 울기도 합니다. 이러한 한국인의 집에 대한 애착은 오랜 세월을 거슬러 올라가 '성주신' 이야기를 만들어 냈을 것입니다.

집안의 한과 액운을 풀어준다는 〈성주풀이〉에는 부부의 사랑 이야기가 담겨있습니다. 과연 이 부부에게 어떤 일이 일어났을까요?

바늘과 실처럼 한 세트로 묶여있어야 하는 것이 부부夫婦라면 주거住 생활에서 한 세트는 집과 땅입니다. 집 없이 땅에서만 살 수 없고 땅 없이 집을 지을 수 없듯이 땅의 신인 '터주신'과 집의 신인 '성주신'은 부부의 모습으로 나타납니다.

요즘 젊은 세대는 결혼의 필요성을 잘 느끼지 못한다고 합니다. 자신을 희생하며 살고 싶지 않은 마음 때문인지, 더 나은 조건을 찾다가 포기하는 것인지 알 수 없지만 우리 신화에 등장하는 부부의 모습을 통해 부부 사이에서 가장 필요한 덕목이 무엇인지 생각해 볼 수 있을 것입니다.

《삼국사기》에 전해지는 백제 도미 부부의 이야기를 아시나요? 본디 남자들은 아름다운 여인을 가만히 두려 하지 않는 법이지요. 미인으로 소문난 도미의 아내 이야기는 개루왕에게까지 들어갔습니다. 개루왕은 도미의 아내를 차지하려 합니다. 직접 나서지 않고 신하에게 왕의 옷을 입혀 왕이라 속이고 명을 따르라고 했지요. 하지만 도미 부인은 여종을 자신인 것처럼 꾸며 대신 왕의 명을 받들게 합니다. 여자의 직감이 이런 순간 발휘되는 것일까요?

뒤늦게 이 사실을 알게 된 개루왕은 왕을 속였다는 이유로 도미의 두 눈을 뽑아 내쫓아버립니다. 훌륭한 목수였던 도미는 한순간 아무 일도 할 수 없는 사람이 되었습니다.

더 이상 왕의 명을 거역할 수 없게 된 도미의 아내는 또 한

번 지혜를 발휘합니다. 지금 월경 중이라 몸이 부정하니 깨끗해질 때까지 기다리라는 핑계를 대고는 남편을 찾아 떠났습니다. 앞을 보지 못하는 남편을 간신히 찾아낸 그녀는 백제를 떠나 고구려로 가서 남편과 행복하게 살았다고 전해집니다.

황우양씨와 막막부인의 이야기는 도미 부부 이야기와 많이 닮아있습니다.

황우양씨는 지하국의 신 지탈부인과 천하국의 신 천사랑씨 사이에서 태어나 나무와 땅에 관해서는 모르는 것이 없었습니다. 그래서인지 천하국과 지하국에서 집 짓는 기술로 그를 따라올 사람이 없었지요.

천하국과 지하국에서 집을 짓고 살던 황우양씨는 어느 날 너무 심심해 인간 세상으로 내려가 살게 해달라고 옥황상제에게 청합니다. 옥황상제의 허락을 받은 황우양씨는 해동국에 멋진 집을 짓고 막막부인과 함께 행복하게 살아갑니다. 막막부인이란 이름은 '사람들이 물어보면 모르는 것이 없는 여인'이라는 뜻을 담고 있습니다.

그러던 어느 날, 황우양씨는 하늘나라 궁궐이 무너지는 꿈을 꾸었습니다. 꿈을 꿈 뒤 그의 앞에 나타난 사자使者는 "하늘의 궁궐이 무너졌으니 이를 수리할 사람은 당신밖에 없다"며 하늘나라 일을 맡아달라고 부탁합니다. 하지만 황우양씨

는 "하늘나라의 일은 하늘에서 알아서 할 일입니다."라며 단
호하게 거절합니다. 그의 매몰찬 태도에 당황한 사자는 집 밖
을 서성거리다가 조왕신에게 도움을 청하게 됩니다.

사실 조왕신은 예전부터 황우양씨와 막막부인이 마음에 들
지 않았습니다. 왜냐고요? 부엌을 지키는 신인 조왕신의 눈
에는 황우양씨가 냄새나는 버선을 부엌에 아무렇게나 던져놓
고, 막막부인이 부뚜막 위에 부엌칼을 올려두는 모습이 부엌
을 함부로 대하는 행위로 보였기 때문입니다. 조왕신은 이 부
부가 못마땅하여 황우양씨를 혼내주라며 하늘나라 사자에게
그를 잡아갈 방법을 알려줍니다. 자신의 부엌을 함부로 대하
는 이 부부의 행동에 조왕신이 무척 화가 난 것 같네요.

조왕신은 황우양씨가 부모님께 안부 인사를 드리러 갈 때
갑옷과 투구를 벗는다는 사실을 알려주며 바로 그때 잡아가
라고 귀뜸합니다. 하늘나라 사자는 조왕신이 알려준 대로 황
우양씨를 붙잡았고 하늘나라로 가자고 요구했습니다. 황우양
씨는 버티려 했지만 끝내 거부할 수 없었습니다.

황우양씨는 하늘의 궁궐을 지으러 끌려가야 했지만 큰 고
민에 빠졌습니다. '신선놀음에 도끼자루 썩는 줄 모른다'는
말처럼 막막부인과 어울려 노는 데만 정신이 팔린 그는 연장
이 어디 있는지도 알지 못했고, 겨우 남아있는 연장들마저 녹
슬어 사용할 수 없는 상태가 되어버린 것입니다. 결국 그는 하

늘의 궁궐을 지을 수 없는 처지가 되고 말았습니다.

하지만 남편의 능력을 믿는 막막부인은 기지를 발휘합니다. 우선 쇠를 청하는 글을 적어 지하국으로 보내자 지하국에서 수많은 덩이쇠를 보내줍니다. 다른 이야기에서는 천하국에 글을 보내 재료를 준비했다고도 전해집니다.

쇠를 얻은 막막부인은 연장을 만들고 남편이 입고 갈 옷도 지어줍니다. 잘 다듬어진 연장, 새로 지은 옷, 타고 갈 말까지 모든 준비를 갖춘 막막부인은 '내조의 여왕'이라 할 만합니다.

여러분은 부부 간의 사랑이 오래 지속되려면 가장 중요한 덕목이 무엇이라고 생각하나요? 그것은 바로 서로에 대한 믿음과 지지일 것입니다. 황우양씨는 아내의 든든한 지원으로 잃었던 자신감을 되찾고 길을 떠나려 합니다.

먼 길을 떠나는 남편에게 막막부인은 당부합니다. 누가 말을 걸어도 대꾸하지 말고, 궁을 지을 때 새로운 목재보다 낡은 목재를 귀하게 여기라고 말이지요.

그러나 인생에서 꼭 만나야 할 인연은 피할 수 없는 법인가 봅니다. 막막부인의 당부가 무색하게도 황우양씨는 결국 소진랑을 만나게 되고, 그는 황우양씨와 막막부인의 믿음을 깨뜨리려고 합니다.

소진뜰에 사는 소진랑은 지하궁에서 3년 동안 돌성을 쌓고 돌아오는 길이었습니다. 그는 예전부터 막막부인의 미모와 지혜에 반해 그녀를 차지할 기회를 노리고 있었지요.

소진랑은 황우양씨가 천하궁에 일하러 간다는 사실을 알고 자신도 천하궁에서 일한 적 있다며 거짓말을 합니다. 그러면서 "천하궁에서 일했던 사람의 옷을 입고 가야 부정을 타지 않는다"라고 말하고는 서로 옷을 바꿔 입자고 제안합니다. 황우양씨는 천하궁에서 일을 잘하고 싶은 마음에 그 제안을 받아들여 소진랑과 옷을 바꿔 입습니다.

나쁜 속셈을 품은 소진랑은 막막부인에게 접근합니다. 황우양씨의 옷을 입고 나타나 그녀를 속이려 했지만 막막부인은 쉽게 넘어가지 않습니다.

천하궁을 지으러 간 지 사흘밖에 되지 않았는데 남편이 벌써 돌아오다니요. 게다가 집 밖에 선 남자는 자신이 황우양씨라고 주장합니다. 밤낮으로 일하느라 얼굴이 검게 그을리고 목소리가 변했는데 아내가 자신을 알아보지 못한다며 서운해하고 화를 내지요.

하지만 막막부인은 꿈쩍도 하지 않았습니다. 소진랑은 바꿔 입은 속적삼까지 보여주며 자신이 황우양씨라고 우겼지만 문제는 냄새였습니다. 땀냄새가 달랐던 것이지요. 그건 황우양씨의 냄새가 아니었습니다.

그 순간 막막부인은 하늘이 무너지는 듯했습니다. 그러나 이럴 때일수록 정신을 차려야 한다고 스스로를 다잡습니다.

그러고는 피눈물을 흘리며 황우양씨에게 편지를 써 주춧돌
에 남깁니다.

주춧돌은 집의 기초이며 반석입니다. 그렇다면 결혼 생활
의 주춧돌은 무엇일까요? 바로 서로에 대한 '믿음'입니다. 결
혼은 누군가가 다른 사람 위에 군림하는 것이 아니라 서로가
서로에게 주춧돌이 되어주는 일입니다, 내가 먼저 든든한 주
춧돌이 될 때 부부의 관계는 더욱 견고해집니다.

소진랑은 막막부인에게 빨리 결혼하자며 재촉하고 협박합
니다. 그러자 막막부인은 꾀를 냅니다, 부모님의 제사를 지내
는 동안 붙은 귀신을 떼어내지 않으면 당신도 나도 죽게 될테
니 뒤뜰 개똥밭에 땅굴을 파고 들어가 3년 동안 구메밥*을 먹
어야 한다고 말합니다.

화가 자신에게 미칠까 두려웠던 소진랑은 막막부인의 요구
를 들어줍니다. 이렇게 막막부인은 시간을 벌며 남편을 기다
립니다. 그녀는 황우양씨에게 사랑받고 있다는 믿음을 붙잡

---

* 예전에 옥에 갇힌 죄수에게 벽 구멍으로 몰래 들여보내던 밥

으며 고통을 견뎌냅니다. 어쩌면 그 고통 속에서 남편에 대한 사랑을 더 깊이 경험하고 있었는지도 모릅니다. 막막부인은 고통의 쓴맛을 사랑의 단맛으로 바꾸어내며 땅굴에서 남편을 기다립니다.

많은 사람은 상대방이 자신을 덜 사랑한다고 여기며 불만을 토로합니다. 사랑이 식었다며 존중받지 못한다고 비난합니다. 하지만 그렇게 할수록 서로의 상처는 더욱 깊어집니다.

한편 하늘나라로 올라간 황우양씨는 바쁘게 일을 하고 있습니다. 그런데 어느 날 불길한 꿈을 꾸었습니다. 초경(저녁 7시~밤 9시 사이)에는 갓이 테두리만 남아 보이고, 이경(밤 9시~밤 11시 사이)에는 먹던 수저가 부러져 보이며, 삼경(밤 11시~새벽 1시 사이)에는 신던 신발이 흙 속에 묻혀 보였던 것입니다.

황우양씨는 꿈이 너무 이상하다고 생각해 점치는 관리에게 물어봅니다. 관리는 이렇게 풀이합니다.

"갓이 테두리만 남는 것은 살던 집이 사라지고 주춧돌만 남는다는 뜻입니다. 신발이 흙 속에 묻힌 것은 부인이 다른 남자를 섬기게 된다는 징조이고, 수저가 부러진 것은 부인과 이별한다는 의미입니다."

황우양씨는 매우 놀라 빨리 돌아가야겠다고 다짐하며 하늘나라 궁궐을 짓는 일에 더욱 매진합니다. 일을 서둘러 마친 그는 집으로 돌아옵니다. 그러나 그곳에는 집터만 남아있

을 뿐이었습니다. 황우양씨는 땅바닥에 주저앉아 하염없이 눈물을 흘립니다. 그때 주춧돌 밑에서 희끗희끗한 게 삐져나온 것이 눈에 들어왔습니다. 막막부인이 남겨둔 편지였습니다. 편지를 읽은 황우양씨는 놀란 마음을 추스르며 소진뜰로 향합니다.

그날 밤 막막부인도 꿈을 꿉니다. 앵두꽃이 떨어지고, 문 위에 허수아비가 달려있으며, 거울이 깨져 보이는 꿈이었습니다.

'앵두꽃이 떨어진 것은 열매를 맺을 징조요, 허수아비가 문에 달린 것은 서방님이 가까이 오셨다는 뜻이구나. 거울이 깨

진 것은 새 거울을 마련해 예전처럼 그 얼굴을 다시 보게 된다는 뜻이겠지.'

여러분은 자신을 얼마나 믿고 있나요? 쑨원(청나라를 무너뜨리고 중화민국을 세운 중국의 정치가)은 "어떤 일을 할 수 있다는 믿음은 산을 옮기고 바다를 메우는 어려운 일도 가능하게 하지만, 할 수 없다고 믿으면 손바닥을 뒤집거나 나뭇가지를 꺾는 쉬운 일조차 할 수 없다"고 말했습니다. 자신에 대한 믿음 더 나아가 부부간의 믿음은 어려움을 헤쳐 나갈 수 있는 힘을 만들어줍니다.

황우양씨는 편지에 적힌 장소인 소진뜰로 가서 막막부인을 만났습니다. 그는 그동안의 이야기를 듣고 모든 일이 자신 때문에 일어난 것임을 깨닫고는 소진랑을 혼내줄 계획을 세웠습니다. 그리고 소진랑에게 술을 먹인 후 꽁꽁 묶어 돌함에 넣어 개똥밭에 있는 땅굴에 가두어버렸습니다.

죽어서 염라대왕 앞으로 끌려간 소진랑은 여러 가지 거짓말을 늘어놓았습니다. 그러나 염라대왕은 그의 말을 들은 척도 하지 않았고 다시는 그런 짓을 저지르지 못하도록 소진랑을 서낭신으로 만들어버렸습니다. 서낭신 앞을 지날 때 돌을 던지거나 침을 뱉으면 재수가 좋다는 이야기가 있는데 서낭신이 된 소진랑은 사람들에게 돌이나 침을 맞으며 살아가는 신세가 되어버린 것입니다.

황우양씨와 막막부인의 이야기는 무조건 모든 것을 조종하고 강제로 소유하려는 남성의 모습(소진랑)과 아내를 믿고 신뢰하며 위협 속에서도 가정을 지켜낸 남성의 모습(황우양씨)을 대비해 보여줍니다. 소진랑이 파괴적이고 미성숙한 부정적인 모습이라면 황우양씨는 아내를 포용하고 어려움을 같이 해결해 나가는 긍정적인 모습을 보여주지요.

언제 어디서 어떻게 가정에 위험이 닥칠지 모릅니다. 부부가 되어 하나의 가정을 이룬다는 것은 크고 작은 어려움을 함께 헤쳐 나가고 견뎌내는 것을 의미합니다. 누가 이익을 보고 손해를 보는 문제가 아니라 함께 감당해야 하는 과정입니다.

한편, 황우양씨와 막막부인은 오래도록 금실 좋게 살았습니다. 그리고 한날한시에 세상을 떠났습니다. 옥황상제는 자기 잘못으로 불행한 일을 일으켰다며 반성하는 황우양씨와 남편의 능력을 믿고 기다려준 막막부인을 하늘나라로 부르지 않습니다. 대신 그들을 땅에 남겨 사람들의 집을 지켜주는 성주신과 집터를 지켜주는 터주신이 되게 했습니다.

앞에서 이야기한 도미 부부의 이야기나 황우양씨와 막막부인의 이야기는 결혼한 부부가 지켜야 할 덕목을 전해줍니다. 서로를 존중하고 믿음이 굳건하다면 어떤 어려운 일도 견뎌낼 수 있으며 돈이나 권력이 없어도 행복하게 살아갈 수 있다는 지혜를 들려주고 있는 것입니다.

우리 신화와 함께하는 토론·논술 활동

다음 자료는 초·중·고등 교과와 연계해 논술 및 토론 활동에 활용할 수 있습니다. 문제의 난이도와 교과 수준에 맞추어 선택해 활용하세요.

1 난이도 ★, 초등 국어

《별주부전》에서 토끼는 자신의 목숨을 구하기 위해, 자라는 용왕의 목숨을 구하기 위해 거짓말을 했습니다. 그리고 황우양씨와 막막부인 이야기에서도 소진랑은 막막부인을 탐하기 위해, 막막부인은 정조를 지키기 위해 거짓말을 합니다. 이처럼 거짓말로 위기를 모면한 사례도 있지만 우리는 어렸을 때부터 거짓말은 나쁜 것이라고 배워왔습니다. 여러분은 거짓말이 필요하다고 생각하나요?

거짓말은 필요하다	
거짓말은 필요하지 않다	

2

하늘나라 사자는 갑자기 나타나 황우양씨에게 다짜고짜 무너진 하늘나라 궁궐을 다시 지으라고 합니다. 이런 지배층의 모습이 옳은지 찬반으로 나뉘어 토론해 봅시다.

논제: 옥황상제가 황우양씨에게 하늘나라 궁을 지으라고 명령한 것은 정당하다.	
찬성	
반대	

3

삼강오륜에는 임금, 부모, 친구 사이의 믿음은 있지만 부부 사이의 믿음은 없습니다. 삼강오륜을 제시하고 새로운 부부간의 믿음을 만든다면 어떤 가치를 넣어서 덕목을 만들지 논술해 봅시다.

✿ ✿ ✿

4
난이도 ★★, 중등 사회

내가 염라대왕이라면 소진랑에게 어떤 형벌을 내렸을까요? 이유를 들어 논술해 봅시다.

소진랑에게 내리는 형벌	
이유	

5
난이도 ★★★, 고등 국어

삶이란 만남의 연속입니다. 만약 황우양씨가 소진랑을 만나지 않았다면 황우양씨와 막막부인의 삶은 어떻게 되었을까요? 황우양씨와 소진랑의 만남이 좋은 만남은 아니었지만 그로 인해 황우양씨와 막막부인은 영원히 함께할 수 있었습니다. 여러분도 살아오면서 좋은 만남과 그렇지 않은 만남이 있었을 것입니다. 여러분의 경험을 토대로 어떤 만남이 좋은 만남이었는지 논술해 봅시다.

문전신

전통 사회에서 무속 신앙은 사회를 유지하는 데 중요한 역할을 했습니다. 옛날에는 과학 기술이 발달하지 않았기 때문에 자연에서 일어나는 현상들을 인간이 이해하기 어려웠습니다. 사람들은 자연을 다스리는 대단한 존재가 있다고 믿었고 그 존재를 '신'이라 불렀습니다. 삶의 중심에 신이 있다고 여겼던 조상들의 사고방식은 다양한 풍속과 민속으로 이어졌습니다. 굿과 제사는 이러한 사고방식이 반영된 의례로 신에게 감사의 뜻을 전하고 가족의 길흉화복을 기원하는 행위였습니다.

지금은 사라졌지만 옛날에는 제사를 지낼 때 대문 앞에 상을 차려두기도 했습니다. 특히 할머니들은 타향에서 지내는 가족들이 무탈하기를 바라며 물 한 그릇 떠 놓고 조왕신에게 빌었습니다. 또 가족이 병들거나 사고를 당하면 악귀가 붙었다고 믿어 무당을 불러 굿판을 벌이기도 했습니다. 그러나 현대 사회에서는 과학 기술이 발달하면서 사람들이 신보다는 과학에 의지하게 되었고 무속 신앙은 점차 쇠퇴했습니다. 제사는 여전히 우리의 삶 속에 남아있지만 굿은 생활의 일부에서 떨어져 나와 예술적 형식으로만 전승되고 있습니다.

제주 지방에서 집 안에서 행해지는 큰 굿에는 반드시 〈문전본풀이〉가 들어갑니다. 집 안의 여러 신 가운데 가장 먼저 맞이해야 할 신인 '문전신'을 기리는 창으로, 그 이야기가 〈문전본풀이〉에 담겨있습니다. 여기에는 문전신만 아니라 조왕신, 측간신, 주목지신, 오방토신 등 집 안 곳곳을 지키는 신들의 이야기도 함께 등장합니다. 따라서 〈문전본풀이〉는 문전신을 중심으로 한 집 지킴이 신들의 이야기라고 할 수 있습니다.

〈문전본풀이〉는 마치 아침 드라마처럼 답답하면서도 흥미진진합니다. 여산부인의 지고지순한 모습에서는 안타까움이, 가장의 무능함과 첩의 악행에서는 분노가, 그리고 영특한 녹두생인의 활약에서는 속 시원한 쾌감이 느껴집니다. 또한 이 이야기에는 사물과 공간에 특별한 의미를 부여하고, 문제 해결의 방식에서 파괴가 아닌 복원을 중시하는 동양적 사고방식이 담겨있습니다. 그렇다면 이제 우리 집을 지키는 문전신의 사연을 함께 들어볼까요?

끝없는 바다를 바라보며 남편을 기다리는 이는 남선비의 아내 여산부인입니다. 사실 이 부부가 처음부터 떨어져 살았던 건 아니었습니다. 가난했지만 두 사람은 결혼해 아들 일곱 명을 두었습니다.

어느 날, 영특한 아들이 공부하고 싶다고 말했지만 형편이 어려워 뜻을 이루어주기 어려웠습니다. 여산부인은 부모의 무능으로 자식이 원하는 공부조차 시켜주지 못한다는 사실에 가슴 아파했습니다. 마침내 어렵게 장사 밑천을 마련해 가장인 남선비에게 주며 무곡* 장사를 하라고 보냈습니다.

그러나 집을 떠난 남선비는 긴 세월이 지나도록 돌아오지 않았습니다. 남편을 애타게 기다리던 여산부인은 끝내 그를 찾으러 길을 떠납니다. 온갖 고생 끝에 남편을 다시 만나기는

------

* 이익을 보려고 곡식을 몰아서 사들임 또는 그 곡식

했지만 그 모습은 처참했습니다.

　그는 비쩍 마른 몸에 눈까지 멀어 비루하게 살고 있었던 것입니다. 큰돈을 들고 장사하러 떠난 남선비가 어떻게 거지꼴의 장님이 되어버린 걸까요?

　어리석은 남선비는 노일저대라는 여인을 만나 모든 것을 잃고 말았습니다. 노일저대는 남선비를 노름에 빠뜨려 돈을 빼앗고 눈까지 멀게 하여 붙잡아두었습니다. 여산부인은 돈

을 탕진하고 장님이 되어버린 남선비를 보며 야속한 마음이
들었습니다. 하지만 미우나 고우나 남편이자 아이들의 아버
지였기에 차마 외면할 수 없었습니다. 그녀는 남편을 데리고
집으로 돌아가려 했습니다. 그런데 그 순간 노일저대가 나타
나 둘을 향해 고래고래 소리를 질렀습니다.

"아이고, 봉사도 서방이라 어화둥둥 하였더니 서방이라는
사람은 새 부인 얻어 나를 버리고 떠나는구나. 내게 남은 것은
짓무른 두 손과 배신뿐이구나. 아이고, 서러워라. 아이고, 분
통해라. 그냥은 못 보내겠소. 날 데리고 떠나시오!"

노일저대는 여산부인의 먹고 살 만하다는 말에 결국 남선
비의 집으로 따라갔습니다. 그러나 첩이 되는 것이 못마땅했
습니다. 결국 그녀는 여산부인을 강물에 밀어 빠뜨려 죽인 후
그 모습으로 변장해 남선비와 함께 집으로 돌아갑니다.

인물을 중심으로 보면 노일저대의 행동은 의문을 불러일으킵니다. 남선비가 경제적으로 넉넉한 인물이 아님에도 불구하고 왜 그녀는 살인을 저지르고 변장까지 하며 그와 함께하려고 했을까요?

〈문전본풀이〉에 따르면 남선비의 부모는 해와 달로 하늘에 근본을 두고 있습니다. 여산부인은 지상의 조정승의 딸로 귀한 신분을 가졌으며 땅에 근본을 두고 있습니다. 남선비와 여산부인의 결합은 하늘과 땅의 만남으로 자연의 순환을 의미합니다. 하지만 노일저대는 근본이 불분명합니다. 다만 변방에서 온 인물이라는 추측만 할 수 있습니다. 타지 출신 여성이 보수적인 제주 땅에 터를 잡는 일은 쉽지 않습니다. 정착하기 위해 이미 뿌리를 내린 사람에게 의탁해야 합니다. 그런 이유로 무능력한 남선비조차 노일저대에게는 기댈 만한 대상으로 보였던 것입니다.

한편, 집에 남아있던 남선고을의 일곱 형제는 부모님이 돌아온다는 편지를 받고 기뻐 어쩔 줄 몰랐습니다. 그들은 부모님이 오시는 길에 다리를 놓기로 합니다. 첫째는 망건을 벗어 다리를 놓고, 둘째는 두루마기를 벗어 다리를 놓고, 셋째는 적삼을 벗어 다리를 놓습니다. 넷째는 잠방이를 벗고, 다섯째는 행전을 벗으며, 여섯째는 버선을 벗어 다리를 놓습니다. 그런데 막내 녹디생인은 마음이 달랐습니다. 그는 "어머니가 아닌 것 같다"며 칼날을 위로 세운 다리를 놓겠다고 합니다.

실제로 녹디생인은 집으로 돌아온 어머니가 진짜가 아니라고 의심했습니다. 그녀는 집도 제대로 찾지 못하고, 밥도 엉망으로 차려내며, 평소와는 전혀 다른 모습을 보였기 때문입니다. 여섯 형제 역시 차츰 이상함을 느끼고 진짜 어머니가 어디에 계실지 걱정합니다. 어린 아들마저 속지 않았던 가짜 어머니에게 남선비는 완전히 속아 넘어가 하하 호호 웃으며 지냈습니다.

노일저대는 자신의 정체가 탄로 날까 봐 늘 불안했습니다. 정체가 드러나는 순간 쫓겨날 것이 분명했기 때문입니다. 그녀는 스스로를 바람 앞의 등불 신세라 여겼고, 결국 불안과 두려움 끝에 일곱 아들을 죽이기로 결심합니다.

어느 날 노일저대는 갑자기 배를 부여잡고 방바닥을 뒹굴며 복통을 호소했습니다. 그 모습을 본 남선비는 크게 걱정하며 근심스러운 얼굴을 감추지 못했습니다. 그러자 노일저대는 남선비에게 "용한 점쟁이를 찾아가 내가 살 수 있는 방법을 물어보라"고 말합니다. 남선비가 망설이지 않고 점쟁이를 찾아 길을 나섰습니다.

그러나 노일저대는 남선비보다 더 빠르게 달려가 점쟁이 행세를 하며 남선비를 맞이했습니다.

"혹시 아랫마을 남선비 아니시오? 보아하니 부인이 아프

구먼. 방도가 있으나 어려운 방도이니 방도가 없는 것과 다름없소.”

“그 방도가 무엇인지 내게 말해주시오.”

“아내를 살리고 싶거든 어서 아들들의 간을 내어 먹이시오. 그러면 병이 낫고 아내와 백년해로하겠소이다.”

집으로 돌아온 남선비는 점쟁이가 했던 말을 그대로 노일저대에게 전했습니다. 그 말을 들은 노일저대는 자식들을 죽일 수 없다며 다른 점집을 찾아가자고 말합니다. 그녀의 말에 남선비는 다시 점쟁이를 만나러 갔고, 노일저대는 또다시 점쟁이로 변장해 같은 말을 합니다. 남선비는 아들들을 죽여야 하는 상황에 어찌할 바를 몰라 고민했습니다.

“이보시오. 일곱 아들은 나에게도 금쪽같은 자식이오. 그런데 어쩌겠소. 용하다는 점쟁이마다 같은 말을 하지 않소. 내 병이 다 나으면 천금 같은 아들 아홉을 낳아드리겠소. 오히려 아들이 둘이나 더 생기는 셈이니 잘된 일 아닌가요?”

남선비는 노일저대의 말에 속아 자식들의 간을 내어주겠다고 약속하고 은장도를 갈기 시작했습니다.

“아버지, 어찌 은장도를 갈고 계십니까?”

“네 어미의 병을 고치려면 너희의 간을 내어 먹여야 한다기에 간을 빼내려고 그런다.”

“어머님 병을 고치려는데 어찌 목숨이 아깝겠습니까. 저희

간을 드시고 어머니가 건강해진다면 오히려 기쁩니다. 하지만 아버님께서 귀한 자식의 목숨을 직접 거두시려니 얼마나 마음이 아프시겠습니까? 그러니 어머님을 위해 먼저 여섯 형님의 간을 내드리고 마지막으로 제가 스스로 목숨을 끊어 뒷산 너럭바위에 간을 널어두겠습니다. 부모님을 위해 목숨을 바치는 것은 자식 된 도리요, 마땅한 효행이니 부디 슬퍼하지 마시고 백년해로하십시오."

녹디생인은 온 가족을 사지로 몰아넣는 노일저대가 괘씸했고 그 계략에 속은 어리석은 아버지가 안쓰러웠으며 죽어야 하는 형제들의 처지를 떠올리며 분개했습니다. 그는 그길로 집을 뛰쳐나와 형제들을 찾아가 빨리 도망가자고 했습니다.

형제들은 함께 도망가다가 잠시 쉬던 중 꿈을 꾸었습니다. 꿈에 나타난 여산부인은 "지금 내려오는 노루를 위협하면 형제들의 간을 대신할 간을 구할 수 있고 살길도 열릴 것이다"고 알려주었습니다.

잠에서 깬 형제들은 때마침 눈앞을 지나가는 노루를 발견했습니다. 꿈에서 들은 어머니의 말대로 노루를 잡아 협박했습니다. 노루는 "곧 멧돼지 일곱 마리가 내려오고 있으니 어미를 제외한 새끼 여섯 마리를 잡아 간을 얻어라"고 알려주었습니다.

녹디생인은 새끼 멧돼지 여섯 마리의 간을 가지고 집으로 돌아가면서 형님들에게 "내가 소리를 지르면 곧장 달려오라"고 당부했습니다.

노일저대는 녹디생인 앞에서 간을 먹는 시늉만 하고 나머지 간은 이부자리 밑에 슬쩍 숨겨둡니다. 그 모습을 지켜본 녹디생인은 더 이상 참지 못하고 노일저대의 머리채를 잡아채고는 그녀가 숨긴 간을 찾아내 보여주며 따져 묻습니다.

"네 이년! 간을 먹었다더니 이것은 대체 무엇이더냐? 너는 대체 어디에서 온 누구이며 내 어머니를 어떻게 한 것이냐?"

아들이 어머니에게 불호령을 내리는 것을 본 남선비는 노일저대를 감싸며 오히려 녹디생인을 꾸짖습니다. 그러자 녹디생인은 크게 소리쳐 형님들을 불러 모으고 도망가는 노일저대를 뒤쫓습니다. 형제들에게 쫓긴 노일저대는 결국 달아나다 목을 매어 스스로 목숨을 끊고, 남선비도 허겁지겁 달아나다가 정낭*에 목이 걸려 죽고 맙니다.

일곱 형제는 노일저대가 여산부인을 죽였던 강으로 가지만 강이 너무 깊어 뼈를 찾을 수 없었습니다. 그들은 하늘에 간절히 기도를 올렸습니다.

---

* 집 입구의 양쪽에 구멍을 뚫은 돌이나 나무를 세우고 나무를 가로로 걸쳐놓은 것. 제주 지방의 방언이다.

일곱 아들의 간절한 마음이 하늘에 닿은 걸까요? 갑자기 강물이 잦아들기 시작하더니 여산부인의 뼈가 드러납니다. 일곱 형제는 어머니의 뼈를 차례대로 모아 도환생꽃을 얹었습니다. 그러자 여산부인은 긴 숨을 몰아쉬며 일어나 앉습니다.

"아이고! 어머니. 아버지에게 속고 노일저대에게 속아 억울한 죽음을 당하셨으니 얼마나 원통하셨습니까? 차가운 물 속에 오래 계셔 몸이 얼마나 시리셨겠습니까? 이제는 부뚜막에서 하루 세 번 따뜻한 불을 쬐며 사십시오. 부엌을 지키는 조왕신이 되어 집안 식구들이 늘 밥 잘 먹고 잘살도록 보살펴주십시오."

이 말을 들은 여산부인은 "나는 조왕신이 될 테니 너희도 집을 지키는 신이 되어 다시는 못된 자가 집 안에 들어오지 못하게 하라"고 당부했습니다. 그래서 첫째는 동쪽, 둘째는 서쪽, 셋째는 남쪽, 넷째는 북쪽, 다섯째는 집 중앙, 여섯째는 뒷문을 지키는 신이 되었습니다. 막내 녹디생인은 누구나 드나드는 대문 앞을 지키는 문전신이 되었지요. 아버지 남선비는 정낭을 지키는 신이 되었고, 노일저대는 집에 들어가지 못한 채 뒷간을 지키는 측도부인이 되었습니다.

여산부인은 노일저대를 가족으로 받아들였지만 노일저대는 그런 여산부인을 죽이고 그 자리를 빼앗으려 했습니다. 또 자신의 존재를 알아차린 일곱 형제마저 없애려 했습니다. 그는 언젠가 아들들이 자신을 몰아내어 결국 이 집에서 살 수 없게 되리라 생각했기 때문입니다. 남을 대신하기 위해 살인까지 저지른 노일저대는 죽어서도 자신의 자리를 찾지 못했습니다.

그렇다면 남선비 가족의 불행은 누구의 책임일까요? 무능력한 남선비의 잘못일까요? 아니면 노일저대의 악행 때문인가요? 노일저대가 없었다면 남선비는 행복했을까요? 아마 그렇지 않았을 것입니다. 왜냐하면 남선비는 가장으로서 자신의 위치를 지키려는 노력을 하지 않았고 자신에게 닥친 문제조차 스스로 해결하지 못했기 때문입니다. 그는 노일저대에게 속아 오히려 가족을 위기에 빠뜨렸으며 그 위기를 해결한 것은 일곱 아들이었습니다. 결국 남선비는 가장의 책임을 다하지 못해 변화와 성장을 이루지 못했고 그 결과 가장의 자격을 잃어버리고 사라져가는 인물이 됩니다.

이 이야기는 행복한 결말일까요, 불행한 결말일까요? 남선비의 가족은 서로의 상처를 안은 채 함께 집을 지키며 살아갑니다. 가정을 지키지 못한 남선비나 노일저대도 사라지거나 벌을 받는 것이 아니라 집을 지키는 신으로 남습니다. 왜 하필 가정의 불화와 상처를 가진 이들이 집을 지키게 되었을까요? 녹디생인의 이야기는 우리에게 가족은 언제든 위험에 빠질 수 있으며 가족을 지키기 위해 온 힘을 다해 노력해야 한다는 교훈을 전합니다.

또한 이야기는 생활 속 지혜도 담고 있습니다. 조왕신과 측간신은 사이가 좋지 않아 멀리 떨어뜨려 놓았는데 이는 위생적으로도 부엌과 화장실은 떨어져 있어야 한다는 과학적 원리와 일치합니다. 사람들 사이의 문제만 아니라 삶의 이치와 과학적 원리까지 담아낸 우리 신화는 늘 사람들 곁에서 지켜야 할 것과 경계해야 할 것들을 알려줍니다. 우리는 이 이야기를 통해 내 집을 지켜주는 든든한 신들이 있다는 것을 알고, 가정을 지키기 위해서 스스로 어떤 노력을 해야 할지 생각해 볼 수 있습니다.

우리 신화와 함께하는 토론·논술 활동

다음 자료는 초·중·고등 교과와 연계해 논술 및 토론 활동에 활용할 수 있습니다. 문제의 난이도와 교과 수준에 맞추어 선택해 활용하세요.

1   난이도 ★, 초등 국어 & 사회

전통 집의 구조와 현대 집의 구조를 그려본 후 차이를 설명하고, 집지킴이 신을 상상해 '우리 집 문전신 이야기'를 만들어봅시다.

전통 가옥의 구조	아파트의 구조

2   난이도 ★, 초등 사회

문전신 이야기를 읽고 현대 사회의 주거 공간에서 사라진 신이 누구인지, 우리 집에 필요한 신이 누구인지 생각해 봅시다.

다음 인물들의 행동을 읽고 악한 행동과 그렇지 않은 행동을 구분한 후 악한 행동이라고 생각한 항목에 점수를 주세요. 이 밖에도 자신이 생각했을 때 인물의 악한 행동이라고 생각한 것을 적어봅시다. (5점: 매우 악한 행동이다 / 4점: 악한 행동이다 / 3점: 보통이다 / 2점: 악한 행동이 아니다 / 1점: 절대 악한 행동이 아니다)

이름	행동	점수
남선비	가장으로서 무능해 가족들을 힘들게 했다.	
	노일저대의 말을 믿어 재산을 잃고, 여산부인의 죽음을 의심하지 않았다.	
	아이들을 죽이는 것에 찬성했다.	
노일저대	남선비를 속여 재산을 빼앗았다.	
	여산부인을 죽였다.	
	일곱 아들들을 죽이려 했다.	
녹디생인	멧돼지 새끼를 죽였다.	
	노일저대와 남선비를 쫓아 죽음에 이르게 했다.	

남선비와 노일저대는 저승길에 올라 염라대왕에게 심판받습니다. 여러분이 염라대왕이 되어 판결문을 작성해 봅시다.

인간의 생명을 관장하는
할락궁이

옛이야기에 서천서역국만큼 자주 등장하는 장소가 있을까요? 옛이야기의 '핫플레이스'라 할 수 있는 서천서역국은 인도의 옛말로 주인공이 문제를 해결하기 위해 반드시 찾아가야 하는 신성한 장소입니다. 그곳으로 가는 길에는 극심한 고통과 달콤한 유혹이 도사리고 있어 간절한 소망과 인내가 있어야만 도달할 수 있습니다.

바리데기는 부모님을 살리기 위해 서천서역국으로 향했고, 삼신할미는 서천꽃밭에서 아이들을 점지했습니다. 여산부인을 살린 도환생꽃 또한 서천서역국 꽃밭에서 난 것이며, 복이 없어 고생만 하던 총각도 서천서역국에서 복을 받아왔습니다.

서천서역국 꽃밭은 사람을 살리기도 하고 죽이기도 하는 꽃이 피어나는 중요한 곳입니다. 신화에서 '꽃'은 인간을 살리는 중요한 역할을 합니다. 현대 의학이 발달하기 전 우리 조상들은 병을 다스리기 위해 약초를 사용했는데 약초에는 꽃이 피죠. 그래서 서천서역국 꽃밭의 꽃들이 곧 약초일 수 있다는 상상도 할 수 있습니다. 더불어 신을 모시는 일에는 언제나 종이로 만든 꽃이 장식되기도 합니다. 꽃을 신의 대리이자 영혼이 깃든 사령(死靈, 죽은 사람의 넋)으로 여기기도 했던 것이지요. 아랍인들은 태양이 가장 오래 떠 있는 하지를 신비로운 시기라고 여겼고, 이 시기에 채취한 식물에는 불가사의한 힘이 깃들어 있다고 믿었습니다. 이처럼 꽃은 신화 속에서 인간의 생사와 맞닿은 중요한 요소로 나타납니다.

서천서역국 꽃밭을 관리하는 할락궁이는 여러 신화에서 조연으로 자주 등장합니다. 그러나 할락궁이가 주인공인 이야기는 다른 신화에 비해 잘 알려지지 않았습니다. 그래서 여기서는 할락궁이 이야기를 해보려고 합니다. 우리 신화에서 늘 주인공을 도와주는 그는 어떤 사연을 품고 있을까요?

〈할락궁이전〉은 제주에서 전해 내려오는 〈이공본풀이〉로 크게 네 부분으로 나누어져 있습니다. 사라도령과 원강아미의 만남으로 시작해 원강아미와 할락궁이의 수난기, 할락궁이가 아버지를 찾아 떠나는 삼만리 여정 그리고 신직에 오르는 할락궁이의 이야기로 끝이 납니다.

윗녘의 가난한 김정국과 아랫녘의 부유한 임정국은 둘도 없는 친구이자 같은 고민을 갖고 있습니다. 자식 소식을 애타게 기다리던 임정국은 김정국에게 소렴당에 가서 수륙*을 드리자고 제안합니다. 그러나 가난한 김정국은 수륙채를 마련하기가 어려워 선뜻 나서지 못하고 살림이 넉넉지 못한 자신의 처지가 한심해 가슴앓이합니다. 그런 김정국의 사정을 알아차린 임정국은 "수륙채는 내가 마련할 테니 걱정하지 말고 정성을 다해 기도 드리자"고 위로합니다.

지극정성으로 기도를 올린 끝에 김정국은 아들을, 임정국은 딸을 얻게 됩니다. 두 사람은 자식이 생긴 기쁨을 함께 나누며 훗날 두 아이의 혼인을 약속합니다.

세월이 흘러 김정국의 아들 사라도령과 임정국의 딸 원강아미는 어느덧 열다섯 살이 됩니다. 사라도령은 자신의 가난한 사정 탓에 혼인 이야기를 꺼내지 못하고 주저합니다. 이를 눈치챈 원강아미가 먼저 혼인을 청해 두 사람은 마침내 백년가약을 맺습니다.

행복한 신혼 생활을 하던 어느 날, 부부는 같은 꿈을 꿉니다.

---

* 물과 육지의 홀로 떠도는 귀신들과 아귀에게 바치는 공양

사라도령이 일생일대의 고귀한 직책인 꽃감관 자리에 임명되었다는 꿈이었지요. 똑같은 꿈이 거듭되자 꿈을 가볍게 넘기지 못합니다. 꿈은 알쏭달쏭하고 마음은 뒤숭숭해집니다. 그러던 중 사라도령은 또다시 꿈을 꾸는데 이번에는 "내일 반드시 떠나라"는 하늘의 지령을 받습니다. 갑작스러운 명령에 놀란 부부는 어찌해야 할지 몰라 당황합니다.

결국 사라도령은 거부할 수 없는 하늘의 부름을 받아 떠날 채비를 합니다. 이를 지켜보던 원강아미는 사랑하는 남편과 헤어질 생각을 하니 막막하기만 합니다. 원강아미는 사라도령과 헤어져서는 못 살 것 같습니다. 그래서 사라도령과 함께 가겠다고 고집하며 뜻을 굽히지 않습니다.

부부는 함께 서천꽃밭으로 향합니다. 하지만 원강아미의 배는 점점 불러오고 길은 험난하기만 합니다. 인적 드문 산속에서 먹을 것이 없어 야생초를 뜯어 먹으며 지내던 중 두 사람은 대궐 같은 천년장자의 집을 발견합니다. 하룻밤 신세를 지고자 대문을 두드렸지만 손님을 받지 않는다는 냉담한 답만 돌아옵니다. 부부가 간절히 사정해도 문은 열리지 않습니다.

문밖에 들려오는 소란에 짜증이 난 천년장자는 직접 나와 종을 호통치며 당장 내쫓으라고 명령합니다. 천년장자를 본 원강아미는 마지막 기회라고 여겨 천년장자의 옷자락을 붙들고 자신이 이 집의 종이 되겠으니 부디 우리 내외를 받아달라고 간청합니다. 원강아미의 간절한 애원과 고운 얼굴을 본 천년장자는 그들을 집 안에 들이는 것을 허락합니다.

원강아미와 사라도령은 해가 뜨면 헤어져야 하기에 서로에게 더욱 애틋한 마음을 품습니다. 마지막 밤을 함께 보내며 원강아미는 사라도령에게 아이의 이름을 지어달라고 부탁하지요. 이에 사라도령은 아들을 낳으면 '할락궁이', 딸을 낳으면 '할락댁이'라고 부르라고 합니다. 이름을 갖는다는 것은 사회적으로 인정받는 하나의 존재가 되었음을 의미합니다. 그렇기 때문에 이름을 짓는 행위는 사회적 존재로 태어나는 의례라고 볼 수 있습니다. 원강아미가 생물학적으로 아이를 낳는 역할을 맡았다면 사라도령은 이름을 통해 사회적으로 아이를 낳는 역할을 한 것입니다.

할락궁이, 할락댁이라는 이름의 뜻을 살펴보면 '할락'은 한라산을, '궁'은 신전을, '이'는 그 신전을 관리하는 사람을 의미합니다. 즉, '할락궁이'란 '제주의 신전을 지키는 이'라는 의미를 담고 있습니다.

사라도령은 이름과 함께 자기 자식이라는 증표로 얼레빗 반쪽을 남깁니다. 얼레빗은 마음을 정갈하게 다스린다는 뜻이 있으며 만드는 재료에 따라 건강을 지키고 귀신을 물리치는 힘이 있다고 전해집니다. 사라도령은 원강아미와 아이 곁을 떠나며 이들에게 사회적 생명을 부여하고 자기를 대신해 이들을 지켜줄 증표를 남긴 것입니다.

사라도령은 서천서역국에 도착해 꽃감관 자리에 오릅니다. 그런데 꽃감관이 되려면 이승의 것은 모두 지워야 한다는 조건이 있습니다. 꽃감관은 천상계의 신으로 사람으로서의 모든 것을 포기해야 하기 때문입니다. 사라도령은 원강아미와 자식을 볼 수 없다는 사실에 매우 슬퍼합니다. 그가 후회와 고통 속에서 시간을 보내는 동안 원강아미는 천년장자 집에서 종살이하며 고통스러운 나날을 이어갑니다.

이로써 1부 할락궁이 부모님의 러브스토리는 끝이 납니다. 신화 속 신들은 인간으로 태어나 갖은 고생을 극복하고 난 후 비로소 신이 됩니다. 그런데 지금까지의 이야기를 보면 사라도령보다 원강아미가 더 큰 시련을 겪습니다. 그리고 그 시련은 곧 할락궁이의 시련으로 이어집니다. 1부 할락궁이 가족의 시련은 할락궁이가 신이 되기 위한 준비 단계라고도 볼 수 있습니다.

원강아미는 천년장자의 집에서 아이를 낳습니다. 천년장자는 그녀를 아내로 맞이하려고 호시탐탐 기회를 엿봅니다. 그러나 원강아미는 할락궁이가 노래도 부르고 죽마를 타고 놀며 지게도 지고 밭도 갈 수 있을 때가 되면 재가*하겠다고 말

---

* 결혼했던 여자가 남편과 사별하거나 이혼해 다른 남자와 결혼함

하며 시간을 끕니다. 그렇게 시작된 고생길은 무려 10년 동안 이어집니다.

열 살이 넘은 할락궁이는 오늘도 힘들게 나무 쉰 바리*를 해서 짊어지고 돌아옵니다. 그런데 낯선 노인들이 힐락궁이를 보더니 왜 아버지를 찾지 않느냐고 묻습니다. 그러면서 곧 흰 사슴을 만나게 될 터이니 그것을 타고 아버지를 찾아가라고 말합니다. 노인의 말대로 흰 사슴을 만난 할락궁이는 우선 흰 사슴을 숨겨두고 원강아미에게 아버지의 행방을 묻습니다. 할락궁이의 질문에 당황한 원강아미는 천년장자가 너의 아버지라고 거짓말을 합니다.

어머니의 말을 더 이상 믿을 수 없었던 할락궁이는 콩 한 되를 볶아달라 청하고, 콩을 볶는 원강아미의 손을 뜨거운 솥에 눌러 아버지에 대한 진실을 듣습니다. 결국 원강아미는 사라도령 이야기를 들려주며 아버지를 찾아 떠나라고 합니다. 할락궁이가 집을 떠난 사실을 알게 된 천년장자는 원강아미를 고문하고 사지를 잘라 청대밭에 던져버립니다. 남편과 자식을 떠나보낸 원강아미는 청대밭에 내던져져 까마귀밥이 되고 맙니다.

아버지를 찾아 떠난 할락궁이가 강을 건너자 갑자기 강물의

---

* 말과 소의 등에 잔뜩 실은 짐을 세는 단위

색이 뽀얀 물에서 노란 물로, 다시 노란 물에서 빨간 물로 바뀝니다. 할락궁이는 물살을 헤쳐 나가며 자신의 피 세 방울을 강물에 흘려보냅니다.

서천서역국에서 일하던 동자들이 강물을 떠다가 꽃밭에 주자 꽃들이 시들어버립니다. 동자들은 당황하여 꽃감관에게 이 사실을 알립니다. 이야기를 들은 사라도령이 꽃밭으로 내려와 마침내 할락궁이를 만나게 됩니다. 드디어 아버지를 만난 할락궁이는 사라도령이 지어준 이름과 증표로 남긴 얼레빗을 보여줍니다.

아들을 만난 기쁨도 잠시 사라도령은 원강아미가 죽었다는 사실을 전하며 생명을 살리는 꽃과 생명을 죽이는 꽃을 건네줍니다. 어미를 살리고 천년장자에게 복수하라는 뜻이겠지요. 할락궁이는 미움과 슬픔의 마음을 안고 천년장자의 집으로 돌아갑니다. 천년장자는 할락궁이를 보자마자 호통을 칩니다.

"네 이놈! 이제야 나타나다니 괘씸하구나. 네 어미는 사지가 잘려 청대밭에 버려져 까마귀밥이 되었다. 이제 너를 죽여 어미와 함께 저승길에 오르게 하리라."

그러자 할락궁이는 천년장자에게 서천서역국에서 보기만 해도 천 년을 산다는 신기한 꽃을 가져왔으니 보여주겠다고 합니다. 천 년의 수명을 준다는 말에 혹한 천년장자가 꽃을 보겠다고 하자 할락궁이는 웃음꽃, 눈물꽃, 싸움꽃, 서로를 잡

아먹게 되는 수레멸망악심꽃을 차례로 보여주며 고통을 줍니다. 천년장자는 웃음꽃을 보고 고통스럽게 웃고, 눈물꽃을 보고 고통스럽게 눈물을 흘리며, 싸움꽃을 보고는 친척들과 싸우다 서로를 죽이고 맙니다.

천년장자의 죽음을 지켜본 할락궁이는 원강아미의 시신이 뿌려진 청대밭을 찾습니다. 그는 환생꽃, 뼈오를꽃, 살오를꽃, 오장육부생길꽃을 정성스레 모아놓고 때죽나무 회초리로 세 번을 내리치자 원강아미가 다시 숨을 쉽니다. 살아난 원강아미는 할락궁이와 함께 서천꽃밭으로 가서 사라도령과 재회하고 두 사람은 기쁨의 눈물을 흘립니다.

사라도령은 자신의 자리를 할락궁이에게 물려주고 원강아미와 행복하게 살았다고 합니다. 아버지의 뒤를 이어 꽃감관이 된 할락궁이는 사람을 죽이는 수레멸망악심꽃을 없애버립니다. 누군가 복수의 도구로 쓸 수 있는 위험한 꽃을 없앤 것이지요.

사라도령과 원강아미, 할락궁이의 이야기는 천년장자 집에서 살던 사람들에 의해 널리 퍼졌습니다. 그리고 그때부터 아버지의 일을 아들이 이어받는 것이 큰 미덕으로 여겨지게 되었습니다.

할락궁이가 원강아미를 살려내고 위험한 꽃을 없애는 것은 단순한 행위가 아니라 꽃감관이라는 신직을 이해하는 과정이었습니다. 그는 그 경험을 통해 삶과 죽음을 다루는 꽃감관이라는 직책이 갖는 무거움과 소중함을 깨달았고, 꽃감관 자리에 어울리는 인물로 거듭난 것이지요.

우리 신화와 함께하는 토론·논술 활동

다음 자료는 초·중·고등 교과와 연계해 논술 및 토론 활동에 활용할 수 있습니다. 문제의 난이도와 교과 수준에 맞추어 선택해 활용하세요.

1　　　　　　　　　　　　　　　　　　　난이도 ★, 초등 국어

행복을 생각하면 떠오르는 것을 적어 보고, 공통점을 말해보세요. 그리고 행복에 대한 명언을 만들어봅시다. (낱말, 인물 모두 가능)

행복에 관한 단어	
공통점	
명언	

여러분의 이름에 담긴 뜻과 나는 어떤 관계가 있는지 생각해
봅시다.

이름의 뜻	예) 세상을 밝혀라.
나와 이름의 관계	예) 우리 가족에게 웃음을 줘요. 그래서 우리 가족의 세상을 밝혀주었어요.

3   난이도 ★★, 중등 사회

다음 글을 읽고 좋은 대학에 가기 위해 공부를 우선해야 한다는
것에 관해 생각해 보고 논술해 봅시다.

> 미래의 행복을 위해 현재를 포기하는 것. 그것이 얼마나 어리석은 일인
> 지를 깨닫는 데 너무나 많은 눈물을 쏟았소. 이제 난 지금의 행복을 좇기
> 로 했소.
>   - 《신과 함께》 중에서

사람은 행복하기 위해 산다고 합니다. 최근 한국의 행복지수가 낮게 보고되면서 행복을 얻는 방법에 대한 다양한 논의가 있습니다. 서은국 교수는 becoming(~이 되는 것)과 being(~으로 사는 것)의 개념을 통해 우리가 행복을 추구하기 위해 무엇을 생각해야 하는지에 관해 질문을 남겼습니다. 변호사나 의사가 되는 것becoming과 그 변호사나 의사로 사는 것being은 아주 다른 얘기라는 겁니다. 여러분의 꿈이 becoming이라면 꿈을 이룬 삶인 being을 상상해서 정리해 봅시다.*

becoming	being
예) 엄친아, 인싸, 장래 희망 등	

---

* '행복은 기쁨의 강도가 아니라 빈도다', 〈조선일보〉, 2018년 8월 6일 자

궤네깃또

옛사람들은 세상은 다양한 신과 인간이 함께 어우러져 살아가는 곳이라고 믿었습니다. 이러한 사고방식이 반영된 풍습이 바로 무속과 민간 신앙입니다. 국가와 가정에서는 길흉화복을 기원하고 조상님께 감사를 전하는 제사가 행해졌습니다. 그러나 일제강점기 일본은 우리나라에 전해지던 무속 행위와 굿을 금지하는 미신 타파 운동을 벌였고, 그 결과 우리 땅에서 이어지던 다양한 굿과 신당은 축소되거나 사라졌습니다.

그럼에도 제주에서 굿이 지금까지 잘 보존된 까닭은 제주가 공동체 의식이 강하고 공동체의 안녕을 바라는 마음이 깊어 신화가 유지될 수 있었기 때문이라는 의견도 있습니다. 제주에는 마을을 지키는 본향신과 그 신을 모시는 신당인 본향당이라는 독특한 문화가 전승되고 있습니다. 예수나 부처 같은 신들은 우주, 하늘, 땅을 다스리지만 작은 마을을 다스리는 신이 있다는 점은 다소 생소하게 느껴집니다. 하지만 신이 있는 마을이라니 오히려 더욱 특별하게 다가옵니다.

오늘날 똑같은 스타일의 아파트에 둘러싸여 살고, 어릴 적 살던 동네가 신도시로 변하면서 대도시 사람들에게는 고향이라는 정서가 사라졌습니다. 그래서 제주 본향신 문화는 사람들에게 더욱 특별하게 느껴질 수 있습니다.

제주 감녕리 마을에는 '궤네깃당' 또는 '궤네깃 한집'이라고 불리는 제단이 있습니다. 용감하고 힘센 궤네깃또는 오랑캐로부터 나라를 구하는 큰 공을 세운 뒤 고향으로 돌아와 마을 사람들을 돌보았습니다. 그래서 감녕마을 사람들은 돼지 한 마리를 잡아 제물로 바치며 궤네깃또에게 감사의 마음을 담아 제사를 지낸다고 합니다.

여기서는 제주 감녕마을을 지키는 신, 궤네깃또 이야기를 들려주려고 합니다.

해동국 제주섬 송당리 마을에는 소천국이라는 사내아이가, 남쪽 나라의 한 마을에는 백주또라는 여자아이가 한날한시에 태어났습니다. 사실 소천국과 백주또는 원래 땅속 나라 신이

었습니다. 이들은 눈을 뜬 건지 감은 건지도 알 수 없는 어두운 세상이 싫어 땅속 나라를 벗어나기 위해 백 년 동안 밝은 세상에 태어나게 해달라고 기도했습니다. 하늘신은 그 정성을 가상히 여겨 두 사람을 밝은 세상에서 태어나게 해주었습니다.

둘은 건강하게 자라 부부의 인연을 맺고 아들 여섯 명을 낳아 기를 만큼 긴 세월을 함께했습니다. 그런데 백주또가 아들 다섯 명을 낳고 여섯째를 임신했을 때까지 소천국은 빈둥빈둥 놀기만 했습니다. 게다가 먹기는 얼마나 많이 먹는지 아이들 끼니조차 챙기기 어려운 형편에 앞날이 막막하기만 했습니다.

"소천국님, 다섯이나 되는 사내아이가 하루가 다르게 쑥쑥 자라고 제 배도 한라산만큼 불러오니 앞으로 먹고살 길이 너무 막막합니다. 이제는 그만 놀고 농사를 지어보십시오."

백주또의 말을 들은 소천국은 그제야 농사를 짓기 시작합니다.

어느 날 길을 가던 스님이 농사일하던 소천국에게 배가 고프다며 먹고 남은 점심이 있으면 좀 달라고 청했습니다. 소천국은 스님이 먹어봤자 얼마나 먹겠나 싶어 자신이 먹으려고 가져온 밥 아홉 그릇과 국 아홉 그릇을 모두 내어주었습니다. 그런데 웬일일까요? 스님은 그 많은 밥과 국을 모조리 먹어치우고는 홀연히 떠나버렸습니다. 소천국은 스님이 밥을 다 먹을 거라고 생각하지 못했기에 일을 마치고 점심을 먹으려다 남은 것이 하나도 없다는 사실을 알게 되었습니다.

허기를 참지 못한 소천국은 밭 갈던 황소를 잡아 구워 먹고 저 멀리 풀을 뜯고 있던 암소까지 잡아먹어 버렸습니다. 이를 알게 된 백주또는 "소도둑과 살 수 없다"며 크게 화를 내고는 결국 소천국과 갈라섭니다. 그 후 여섯째 아들이 태어났고, 백주또는 그 아이에게 '궤네깃또'라는 이름을 지어주었습니다.

다섯 살이 된 궤네깃또는 아버지가 궁금해 직접 찾아 나섰습니다. 아버지를 만난 궤네깃또는 아버지 무릎에 앉아 수염을 잡아당기며 장난을 치고 가슴을 쿵쿵 치기도 했습니다. 소천국은 그런 아이의 행동이 못마땅해 결국 아이를 돌 궤짝에 가둬 자물쇠를 채운 뒤 동해 바다에 던져버립니다.

돌 궤짝은 물 위에서 3년, 물 아래에서 3년을 떠다니다가 용궁의 산호 가지에 걸렸습니다. 용왕국 대왕은 이상한 낌새를 느끼고 세 딸을 차례대로 보내 알아보게 했습니다. 큰딸과 둘째 딸은 아무것도 찾지 못했지만 셋째 딸은 돌 궤짝을 발견하고 바다 밑에 내려놓습니다. 돌 궤짝을 열어보니 그 안에는 옥처럼 빛나는 도령이 책을 읽고 앉아있습니다.

용왕은 궤네깃또가 범상치 않음을 알아채고 세 딸 중 한 명과 혼인시켜 주려 했습니다. 궤네깃또는 셋째 딸을 배필로 선택했고 그렇게 용왕의 사위가 되었습니다. 하지만 그는 매일 돼지와 소를 잡아먹었기에 용궁 살림은 이내 바닥이 나고 말았습니다. 보다 못한 용왕은 결국 막내딸과 사위를 돌 궤짝에 태워 육지로 보내버렸습니다.

돌 궤짝은 강남천자국의 백모래밭에 이르렀습니다. 그 순간 구름과 바람이 심상치 않게 움직였습니다. 이 광경을 지켜본 천자는 봉사를 불러 점을 치게 했습니다. 봉사는 돌 궤짝을 열려면 천자가 의관을 차려입고 향을 피운 뒤 북쪽을 향해 절을 네 번 해야 한다고 알려주었습니다. 천자가 예를 갖추어 절을 올리자 돌 궤짝이 열리고 옥 같은 도령과 아기씨가 모습을 드러냈습니다.

천자는 오랫동안 천자국을 차지하려는 북쪽 오랑캐 때문에 골머리를 앓고 있었습니다. 때마침 오랑캐가 쳐들어오자 그는 궤네깃또에게 무기와 병사를 내어주며 나라를 구해달라고 부탁했습니다. 궤네깃또는 전쟁에서 크게 승리한 후 돌아왔고, 천자는 그에게 천자국에 머무르라고 권유했습니다. 하지만 궤네깃또는 다섯 살 때 헤어진 부모님이 보고 싶다며 정중히 사양하고 제주로 돌아가겠다고 했습니다.

여기에서 우리는 궤네깃또가 왜 용궁에서 곧바로 제주로 향하지 않는지, 왜 천자의 제안을 거절하고 굳이 제주로 돌아가려 했는지 생각해 볼 필요가 있습니다. 궤네깃또는 자연과 문명의 조화를 상징하는 존재라고 할 수 있습니다. 제주는 여전히 자연과 문명이 충돌하는 과정에 있었고, 아직은 자연의 힘이 더 강했습니다. 제주에는 제주섬에서 태어난 소천국(자연)과 멀리 남쪽 나라에서 태어난 백주또(문명)라는 두 권력이 나란히 자리 잡고 있었습니다. 대체로 이런 양립은 둘 중 하나가 승리해 장악하는 쪽으로 흐르지만, 궤네깃또는 통합을 지향하는 새로운 세력이었습니다. 하지만 그는 아직 충분한 힘을 지니지 못했고 자연과 문명이 대립된 제주 안에서는 세력을 키우기가 어려웠습니다. 따라서 궤네깃또가 제주 밖으로 떠난 이유는 제주 바깥에서 힘을 키워야 비로소 제주를 통합할 수 있다고 판단했기 때문이라고 볼 수 있습니다.

한편 제주섬에 있는 소천국과 백주또는 여섯째 아들이 군사와 하인을 데리고 온다는 소식을 듣습니다. 이를 본 소천국과 백주또는 궤네깃또가 자신을 버린 것에 대한 원한을 갚으러 온다고 생각했지요. 두 사람은 두려움에 벌벌 떨며 정신없이 도망쳤습니다. 소천국은 송당리 뒷산으로 달아나다가 다리에 걸려 넘어지면서 바위에 머리를 부딪쳐 죽고 말았습니다. 백주또 또한 송당리 앞산으로 달아나다가 치맛자락에 발이 걸려 넘어져 죽고 맙니다.

부모님이 보고 싶어 제주로 돌아왔더니 부모님이 자신을 보고 놀라 도망치다 죽었다는 소식을 들은 궤네깃또는 큰 슬픔에 잠겼습니다. 그는 부모님을 위로하기 위해 큰굿을 열었습니다. 그 뒤 궤네깃또는 군사와 하인을 남쪽 나라로 돌려보내고 아내와 함께 제주를 구경하며 쓸쓸한 나날을 보냅니다. 그러던 중 감녕리라는 마을을 우연히 보게 되었는데 궤네깃또는 이곳이 세상에서 가장 뛰어난 명당이라 여겨 죽을 때까지 머물기로 합니다. 마을 사람들을 돌보기 위해 궂은일도 마다하지 않는 궤네깃또의 모습에 감녕 사람들은 고마움을 느껴 그를 찾아가게 되었다고 합니다.

님아, 우리 마을 흉을 막고 복을 가져온 님아,
무엇을 즐겨 잡수십니까.
난 소와 돼지가 참 맛나더구나.
님아, 감녕 마을은 가난해서 소를 구하기가 어렵습니다.
대신 맛 좋은 돼지를 잡아 정성을 다해 모실게요.
마음을 고이 담은 것인데 소면 어떻고 돼지면 어떻겠느냐,
그 마음 담았으니 고기가 참 달겠구나.

그리하여 사람들은 '알궤네기'에 자리를 마련하고 1년에 한 번씩 돼지를 잡아 궤네깃또를 당신(堂神, 신당에 모신 신)으로 모셨습니다. 이 전통이 오늘날 제주에서 전해 내려오는 '본향굿'과 '봉향당' 풍습으로 이어지고 있습니다. 제주 사람들은 자신들이 사는 지역에 신비로운 힘이 깃들어있다고 믿었고 이러한 생각은 신화 속에도 고스란히 반영되어 있습니다.

오늘날 대도시에서 태어난 사람들을 가리켜 '고향이 없는 사람들'이라고 하지요. 고향은 단순히 태어나 자란 땅을 뜻하는 것이 아니라 나의 이야기가 간직되어 있는 특별한 장소를 말합니다. 그렇기 때문에 끊임없이 변화하는 도시는 나의 이야기가 사라지는 곳, 즉 고향을 잃어버린 곳이 되기도 합니다. 대도시는 사방이 똑같은 네모난 아파트가 가득 차 있고 유행에 따라 풍경이 빠르게 바뀝니다. 신도시가 들어서면 사람들은 그곳으로 이주하고 구도시는 쇠퇴하며 사라집니다. 결국 대도시는 우리의 삶과 이야기를 담지 못하는 텅 빈 곳으로 남게 됩니다.

이처럼 빠르게 변화하는 도시에 사는 사람들은 자신이 사는 지역에 관해 점점 무관심해지기 쉽습니다. 하지만 사람이 살아가는 '터'는 인간의 삶에 매우 큰 영향을 미칩니다. 그래서 지금 내가 사는 곳 그리고 그곳에서의 나의 삶을 함께 되돌아보는 일이 필요합니다.

우리 신화와 함께하는 토론·논술 활동

다음 자료는 초·중·고등 교과와 연계해 논술 및 토론 활동에 활용할 수 있습니다. 문제의 난이도와 교과 수준에 맞추어 선택해 활용하세요.

1 난이도 ★★, 중등 국어

우리 주변의 한 장소를 선택해 신화를 만들어봅시다.

장소	
시간	
주인공	
갈등 상황	
갈등 원인	
갈등 해결 방법	

제주의 소천국과 남쪽 나라에서 온 백주또 사이에서 태어난 궤네깃또는 다문화 가정이라고 볼 수 있습니다. 여러분은 서로 다른 문화를 가진 사람들이 살아가기 위해서 필요한 것은 무엇이라고 생각하나요? 이에 관해 이야기해 봅시다.

3   난이도 ★★, 중등 사회

기후는 인간의 삶에 어떤 영향을 줄까요? 기후와 인간의 삶에 관해 생각해 보고 다음의 표를 만들어봅시다.

	아프리카	노르웨이
주거 환경		
음식		
의복		

4   난이도 ★★, 중등 사회

내가 살고 있는 지역의 자연환경을 소개하고, 자연환경은 우리의 생활에 어떤 영향을 주는지 논술해 봅시다.

4부

인간의 생로병사를
관장하는 신들

저승 차사가 된
강림도령

우리 옛이야기에 단골로 등장하는 인물인 저승사자 이야기를 살펴보려 합니다. 저승사자는 민간 신앙에서 사람이 죽으면 저승으로 데려간다는 염라대왕의 차사*입니다.

우리가 흔히 떠올리는 저승사자의 모습은 검은 두루마기에 갓을 쓰고 창백한 얼굴을 한 선비입니다. 세계적으로 인기를 누린 〈케이팝 데몬 헌터스〉에 등장하는 저승 차사 역시 이런 모습을 하고 있습니다. 오래전 TV에서 방영된 〈전설의 고향〉이 이 이미지를 굳혀 많은 사람에게 영향을 주었다고 합니다.

---

* 죄인을 잡으러 나가는 일을 하는 옛 관직의 이름

하지만 우리 신화에 등장하는 저승 차사는 군졸의 모습으로 그려집니다. 도포 차림의 관리가 아니라 무관의 차림새를 한 것이지요. 강림은 원래 김치고을 원님의 차사였지만 염라대왕의 눈에 들어 저승 차사가 되었다고 합니다.

이승에는 법이 있고 법을 어기면 벌을 받습니다. 마찬가지로 저승에서도 이승에서의 행적을 다시 평가하고 벌을 주는 법이 있습니다. 저승은 철저히 공평한 세계입니다. 이승에는 권력자나 부자가 힘없는 사람을 억압하고 억울하게 만들기도 하지만 저승에는 부자도 가난한 이도 없으며 돈이나 권력이 통하지 않습니다. 죽음이 모든 사람에게 예외 없이 찾아오듯 저승이 누구에게나 공평한 곳이라는 것은 어쩌면 당연한 일일지 모릅니다.

죽은 영혼이 재판받기 위해서는 반드시 저승 재판장에 가야 합니다. 그래서 목숨이 다하면 저승 차사들이 찾아와 혼을 데리고 가는 것이지요.

주호민의 만화 《신과 함께》와 이를 각색한 동명 영화는 우리 신화 속 저승 이야기를 생생하게 그려냈습니다. 저승시왕 앞에서 재판받고 여러 지옥을 통과하는 주인공의 이야기가 만화가와 영화감독의 상상력으로 현실처럼 살아난 것입니다. 살아있는 사람이 결코 경험할 수 없는 저승의 세계라 더욱 흥미롭게 느껴졌을 것입니다.

염라대왕이 다스리는 저승에서는 이승에서 어떤 죄를 지었느냐에 따라 가야 하는 지옥과 받게 되는 벌이 달라집니다. 부모에게 불효한 사람을 벌하는 '천륜지옥', 게으르게 산 사람을 벌하는 '나태지옥', 거짓말을 한 사람이 가는 '거짓지옥' 등 죄와 벌에 따라 나뉜 지옥에서 사람들은 마땅한 형벌을 받습니다. 반대로 벌을 받을 만큼의 죄를 짓지 않고 선하게 살아온 사람은 환생해 다시 사람으로 태어납니다. 이는 우리 민족의 내세 사상이 중국 불교의 영향을 받았음을 보여줍니다. 중국 불교의 윤회 사상에 따라 사후 세계에 대한 신화가 자리 잡은 것입니다.

강림도령 이야기는 죽은 자가 가는 저승의 이야기와 산 자가 살아가는 이승의 이야기를 오가며 이어줍니다. 〈차사본풀이〉라고 불리며 죽은 자의 원혼을 달래는 굿으로 전해 내려오지요. 강림도령 이야기를 읽다 보면 이승과 저승이 한 세계인 듯한 착각에 빠집니다. 결국 강림도령의 행보는 죽음 또한 삶의 일부임을 인정해야 함을 일깨워줍니다.

또한 우리 민족의 장례에 관한 풍습과 사후 세계에 대한 인식을 보여주어 흥미롭습니다. 얽히고설킨 강림도령의 이야기를 통해 상과 벌이 확실하게 주어지는 우리 민족의 윤리관 역시 찾아볼 수 있습니다.

옛날 동경국에 버무왕이 살았습니다. 버무왕은 넉넉한 재산과 자식 복을 함께 누려 일곱 아들을 두고 있었습니다. 그런데 어느 날, 한 스님이 지나가다가 버무왕에게 충고합니다.

"아래로 세 아들은 사주팔자가 험하여 수명이 고작 15년뿐이니 법당으로 보내 공양을 시켜 목숨과 복을 지키게 하시오."

그 말을 들은 버무왕은 깜짝 놀라 아들들을 살리기 위해 삼 형제를 스님과 함께 보내기로 합니다. 사실 이 스님은 큰스님인 대사스님의 유언을 전하려 버무왕을 찾아온 것이었습니다. 큰스님의 유언은"내가 죽으면 버무왕에게 가서 삼 형제의 운명을 알려주고 그들을 데려와 절을 지키게 하라"는 것이었지요.

그날부터 삼 형제는 스님을 따라 절에서 불공을 드리며 지냈습니다. 그렇게 3년이 되던 어느 날, 문득 부모님과 형들이 그리워 대성통곡합니다. 결국 스님께 부모님을 뵙고 싶다고 간청하지요. 그러자 스님은 당부합니다.

"가는 것은 좋으나 과양 땅만은 조심하거라. 그냥 지나쳐야 한다. 그렇지 않으면 지난 3년의 공양이 모두 허사가 되고 만다."

삼 형제는 대사님이 내어준 물명주와 백비단, 은그릇과 놋그릇을 들고 부모님을 뵙기 위해 동경국으로 향했습니다. 하지만 과양 땅 근처에 이르자 배가 고파 스님의 당부를 잊고 그만 과양 땅으로 들어가고 말았습니다.

옛이야기에는 종종 '금기'라는 장치가 등장합니다. 금기를 어기면 반드시 대가를 치르게 되지요. 조심할 것은 조심하고 지킬 것은 지키며 삶을 소중히 여기라는 조상의 가르침입니다.

삼 형제는 결국 문제의 과양생이 집으로 찾아가 문을 두드리며 먹을 것을 달라고 청합니다. 욕심 많은 과양생이는 처음에는 스님들이 공짜로 밥을 얻어먹으러 왔다고 생각해 내쫓으려 했습니다. 그러나 그들이 들고 있는 비단과 명주가 탐이 나 집 안으로 들이지요.

과양생이는 재물을 차지하려는 욕심에 삼 형제에게 술을 권합니다.

"이 술 한 잔을 마시면 천 년을 살고, 두 잔을 마시면 만 년을 살며, 석 잔을 마시면 구만 년을 삽니다."

삼 형제는 명과 복이 이어진다는 말에 혹해 한 잔, 두 잔 마시다가 결국 술에 취해 쓰러지고 맙니다. 과양생이는 그들의 재물을 빼앗기 위해 3년 묵은 참기름을 졸여 삼 형제의 귀에 부어 죽인 뒤 시신을 주천강 연못에 버렸습니다.

과양생이의 행동이 정말 엽기적이지요? 잘못된 욕망이 인간을 얼마나 추하게 만드는지를 보여줍니다. 하지만 옛이야기에서 악인은 늘 벌을 받기 마련이니 과양생이의 결말도 좋지 않을 것임을 짐작할 수 있습니다.

다시 과양생이 이야기로 돌아가봅니다. 어느 날 그는 빨래를 들고 주천강 연내못으로 갔는데 난데없이 삼색 꽃이 피어 웃고 있는 것을 봅니다.

꽃을 꺾어 집으로 가지고 왔더니 그 꽃이 과양생이가 가는 곳마다 따라다니며 살을 긁어댔습니다. 화가 난 과양생이는 꽃을 불태웠는데 그 속에서 영롱한 삼색 구슬이 튀어나왔습니다. 욕심 많은 과양생이는 구슬이 탐나 가지고 놀다가 결국 꿀떡 삼켜버렸습니다. 그렇게 구슬 세 개를 삼킨 과양생이는 열 달 후 아들 세쌍둥이를 낳습니다.

놀랍게도 아이들은 매우 총명했습니다. 열다섯 살이 되자 모두 과거에 급제했지요. 과양생이는 과거 급제를 마치고 인사하러 오는 세 아들을 맞으러 나가 크게 기뻐했습니다.

"얼씨구 좋다, 절씨구 좋다! 귀한 우리 아들들이 과거에 급제해 오니 잔치를 벌이고 제사를 지내고 산에 올라 염불까지 올려야겠다!"

하지만 세 아들은 문전에 세 번 절을 올리고는 머리를 들지 않고 그 자리에서 죽어버렸습니다.

과양생이는 억울하고 원통한 나머지 눈물도 닦지 못한 채 김치고을 원님을 찾아가 밤낮으로 억울함을 호소했습니다. 하지만 원님도 이 일을 해결할 길이 없었습니다. 죽음은 아무리 지혜로운 인간이라도 어찌할 수 없는 일이었으니까요. 그러던 중 원님에게 한 가지 꾀가 떠올랐습니다.

원님은 이 일을 강림에게 맡기기로 했습니다. 자신의 차사인 강림이 똑똑하고 힘센 인물이라는 것을 잘 알고 있었기 때문입니다. 원님은 급히 강림을 동헌으로 불러들입니다.

기생집에서 술에 취해 자던 강림은 늦게 도착했고 원님은 그 일을 핑계로 벌을 내립니다.

"저승에 가서 염라대왕을 잡아 오겠느냐? 아니면 이승에서 목숨을 내놓겠느냐?"

강림은 어쩔 수 없이 염라대왕을 잡아 오겠다고 약속합니다. 그러나 걱정은 태산 같았습니다. 강림은 부인에게 하소연했고, 부인은 쌀을 깨끗이 씻은 후 정성껏 찧어 시루떡을 만들어 문전신과 조왕신에게 치성*을 드립니다. 남편의 저승길을 인도해 달라는 간절한 기원이었습니다.

조왕신과 문전신은 정성이 담긴 떡을 받고 강림보다 앞서 저승길에서 기다리다가 그에게 길을 알려주었습니다.

이 대목은 우리 신들이 얼마나 가까이에서 인간의 삶을 보살피는지를 잘 보여줍니다. 또 간청하면 기꺼이 돕기도 하지

---

* 부처님께 정성을 다해 불공을 드리거나 산신, 집신과 같은 민간 신앙의 대상에게 소원을 빌기 위한 의식

요. 옛이야기 곳곳에는 이렇게 정다운 우리 신의 모습이 드러납니다. 어려움 앞에서 신에게 정성을 다해 기도했던 선조들은 신 앞에서는 겸손했고, 고난 앞에서는 끝까지 희망을 놓지 않는 강인한 마음을 지니고 있습니다.

조왕신과 문전신의 도움을 받은 강림은 마침내 저승 입구까지 당도해 외출 나온 염라대왕과 맞닥뜨립니다.

"어떤 놈이 나를 잡겠다는 것이냐?"

염라대왕의 호령에도 아랑곳하지 않고 강림은 눈을 부릅뜨며 청동 같은 팔뚝으로 오랏줄을 묶고 족쇄를 채워 그를 사로잡습니다. 그리고 자초지종을 설명하자 염라대왕은 김치고을로 가겠다고 약속합니다.

강림은 그 약속을 믿고 이승으로 돌아옵니다. 저승에서는 사흘이 지났지만 이승에서는 무려 3년이 흘러있었습니다. 그동안 강림의 부인은 정절을 지키며 남편을 기다렸습니다.

신화 속 강림은 장군 같은 힘과 기개를 지닌 동시에 기생집에서 놀고 술에 취하는 방탕한 모습도 보입니다. 그러나 강림의 부인은 위기의 순간에 강림에게 용기를 주고 정성 어린 치성을 드려 집을 지키는 신들의 도움을 얻게 했습니다. 그리고 끝까지 기다려 남편을 맞이했지요. 강림을 돕는 동반자로서 부인의 지혜와 용기는 충분히 칭찬받을 만합니다. 어떠한 순간에도 흔들리지 않고 가족을 지키는 우리네 여인들의 강

인함을 보여줍니다.

염라대왕은 강림과의 약속을 지키기 위해 이승으로 내려옵니다. 김치고을에 도착한 그는 재판을 열기 위해 과양생이를 불러내지요. 동헌 마당에 세운 과양생이에게 염라대왕은 세 아들을 어디에 묻었는지 묻고 직접 파보라고 합니다.

하지만 무덤을 판 자리에는 아무것도 없었습니다. 대신 염라대왕이 금부채로 주천강 연못을 세 번 치자 연못이 마르고 그곳에서 과양생이가 죽인 버무왕의 세 아들이 눈을 뜨고 일어나는 것이었습니다.

과양생이는 그들을 자기 아들이라고 주장했지만 버무왕의 세 아들은 과양생이가 바로 자신들의 원수라고 말합니다. 알고 보니 과양생이의 세 아들은 버무왕의 세 아들이 환생한 것이었지요.

염라대왕은 버무왕의 세 아들에게 집으로 돌아가라고 명하고, 과양생이에게는 혹독한 벌을 내립니다. 그의 팔다리를 아홉 마리 소에 묶어 사방으로 달리게 하는 형벌이었지요.

얼핏 듣기엔 끔찍해 소름이 돋을 정도이지만 끝까지 듣고 나면 피식 웃음이 새어 나오는 해학이 숨어있습니다. 갈기갈기 찢어진 과양생이의 몸을 절구에 넣고 찧어 바람에 날려버리자 남의 피를 빨아먹고 사는 각다귀와 모기가 되어버렸다고 합니다.

황당하면서 웃음이 나는 결말입니다. 과양생이 이야기에 동물의 유래담이 더해지며 우리 옛이야기 특유의 재미가 한층 커졌습니다.

그런데 왜 하필 각다귀와 모기가 되었을까요? 사람의 목숨을 파리 목숨처럼 여기며 버무왕의 세 아들을 죄책감 없이 죽인 과양생이가 결국 해충이 되어 사람들의 미움을 받게 되었으니 이보다 더 꼭 맞는 벌도 없을 겁니다. 늘 사람들에게 쫓겨 다니며 불안하게 살아야 하는 각다귀와 모기로서의 삶은 곧 지옥과도 같았을 테니까요.

이 일을 마무리한 염라대왕은 원님에게 말합니다.

"김치고을 원님아, 강림을 잠시 빌려주시오. 저승의 일을 조금 시키다 돌려보내리다."

염라대왕은 강림의 어떤 점이 마음에 들어 그를 저승 차사로 데려가려 했을까요? 아마도 저승길도 마다하지 않고 자기 소임을 다하는 용기와 염라대왕조차 단단히 묶어낼 만큼의 기개가 마음에 쏙 들었던 것이겠지요.

그런데 김치고을 원님은 감히 염라대왕의 요구를 거절합니다. 그러자 염라대왕은 다시 말합니다.

"그러면 강림을 반쪽씩 나눠 가집시다. 몸을 갖겠소? 넋을 갖겠소?"

눈에 보이는 것만 중시하는 어리석은 원님은 몸을 선택했고 염라대왕은 기뻐하며 강림의 혼을 빼내 저승으로 데려갑니다. 그 순간 동헌 마당을 걷던 강림의 몸은 갑자기 멈춰서더니 힘없이 쓰러지고 말았지요.

그 길로 강림은 저승으로 가서 염라대왕의 차사가 됩니다. 그가 받은 첫 임무는 인간의 수명을 정한 적패지를 붙이는 일이었습니다.

"여자는 일흔, 남자는 여든. 정해진 명에 따라 차례로 저승에 오도록 적패지를 붙여라."

강림이 적패지를 가지고 인간 세상으로 내려오는 길에 잠시 쉬고 있는데 까마귀가 까옥까옥 울며 나타났습니다. 까마귀는 인간에게 적패지를 붙이는 일을 자기에게 맡겨달라고 조르지요.

까마귀의 성화에 못 이겨 강림은 적패지를 까마귀에게 건네주었고 까마귀는 신이 나서 인간 세상으로 갑니다. 그러다 실수로 적패지를 놓쳐버렸고 뱀이 그것을 삼켜버립니다. 이 때문에 인간의 수명이 정해지지 않았고 어른이나 아이 구분 없이 저승길에 순서가 없어지고 말았다고 합니다.

저승 차사 강림에 관한 흥미로운 이야기가 하나 더 있는데, 그것은 바로 '동방삭이 이야기'입니다. 동방삭이는 이미 저승에 올 차례가 되었으나 온갖 계략으로 저승 차사들을 속이며 무려 3,000년이나 저승길을 피해 온 골칫거리였지요.

염라대왕은 강림에게 이 동방삭이를 잡아 오라고 명령합니다. 강림은 명령을 받고 동방삭이가 있는 마을로 내려가 느닷없이 검은 숯을 시냇물에서 씻고 있었습니다. 지나가던 동방삭이가 숯을 왜 씻느냐고 묻자 강림이 대답합니다.

"검은 숯을 백일만 씻으면 하얗게 변해 백 가지 약재가 된다고 해서 씻는 중입니다."

이를 들은 동방삭이는 자기가 3,000년을 살아도 그런 말을 처음 듣는다며 무심코 말해버립니다. 강림은 그가 바로 동방삭이임을 알아채고 그 자리에서 잡아버렸습니다.

염라대왕은 강림의 지혜에 크게 기뻐하며 잠시 빌리려 했던 그를 아예 정식으로 저승 차사로 임명합니다.

스펙타클한 〈차사본풀이〉는 때로는 슬프고, 때로는 무섭고, 때로는 웃음을 주며 우리에게 다가옵니다. 삶과 죽음의 세계가 서로 대립하는 것이 아니라 하나로 이어져 있음을 보여주지요.

죽었다가 환생한 버무왕의 세 아들 이야기나 이승과 저승을 자유롭게 넘나드는 강림의 활약을 보며 인간은 결국 죽음이라는 한계에 부딪힐 수밖에 없는 존재라는 것을 깨닫게 됩니다.

그렇지만 죽음 너머에 또 다른 삶이 있고 환생이라는 새로운 삶이 주어질 수 있다는 사실은 죽음을 두려워하는 모든 인간에게 큰 위로와 격려가 됩니다. 죽음도 삶의 일부이니 두려움 없이 받아들이라는 메시지를 전하는 셈이지요.

또 착하게 살면 보상을 받고, 악하게 살면 벌을 받는 저승의 공평한 질서도 보여줍니다. 이는 험한 세상 속에서 성실하고 정직하게 살아가는 사람들에게 커다란 위로가 되었을 것입니다.

그런데 우리가 잊고 있던 한 사람이 있지요. 착하고 지혜로운 강림의 부인은 어떻게 되었을까요? 갑자기 저승 차사가 되어 떠나버린 남편을 잃고 과연 어떻게 살았을까요?

신화 속에서 놓쳐버린 이 여인의 이야기를 다시 살려내어 저승과 이승을 잇는 또 하나의 이야기를 만들어낸다면 운명에 맞서는 우리 민족의 새로운 신화가 탄생하지 않을까요?

신화는 단순히 지어낸 옛이야기가 아니라 우리 민족의 삶과 정서를 전해주는 멋진 매개체니까요. 이제 우리도 신화 한 자락 지어볼까요?

우리 신화와 함께하는 토론·논술 활동

다음 자료는 초·중·고등 교과와 연계해 논술 및 토론 활동에 활용할 수 있습니다. 문제의 난이도와 교과 수준에 맞추어 선택해 활용하세요.

1   난이도 ★, 초등 국어

염라대왕의 벌을 받고 각다귀와 모기가 된 과양생이는 어떻게 살았을지 이야기를 만들어봅시다.

2   난이도 ★, 초등 사회

과양생이가 저지른 잘못은 염라대왕의 노여움을 살 만했는데요. 만약 내가 염라대왕이라면 과양생이에게 어떤 벌을 내렸을까요? 배심원이 되어 함께 이야기해 봅시다.

과양생이의 죄	과양생이에게 내릴 벌

3 난이도 ★★, 중등 사회

옛사람들은 태어나면서부터 사람의 운명이 정해졌다고 생각했습니다. 버무왕 역시 세 아들이 열다섯 살에 죽을 운명이라는 말을 듣고 운명을 극복하기 위해 그들을 절에 보내지요. 운명을 극복하기 위해서 부처님의 힘이 필요했던 것입니다. 사람에게는 타고난 운명이 있는 걸까요? 아니면 운명은 스스로 만들어 나가는 것일까요? 이에 관해 토론해 봅시다.

타고난 운명이 있다	운명은 만들어 나가는 것이다

4 난이도 ★★, 중등 사회

만약 강림과 같은 저승 차사와 지옥이 실제로 존재하고 사람들이 이 사실을 알고 있다면 사람들은 이승에서 더 착하게 살까요? 아니면 별생각 없이 이승을 즐기며 살까요? 이유와 함께 내 생각을 이야기해 봅시다.

주호민의 웹툰을 원작으로 만들어진 영화 〈신과 함께〉에는 살인지옥, 나태지옥, 거짓지옥, 불의 지옥, 배신지옥, 폭력지옥, 천륜지옥 총 일곱 개의 지옥이 나옵니다. 저승시왕들이 재판하는 지옥에 관해 조사해 보고, 지옥 이야기가 사람들에게 주는 의미는 무엇인지 논술해 봅시다.

손님을 대접하는 마음
마마신

인간은 사회 속에서 다른 사람들과 다양한 관계를 맺고 살아갑니다. 그중에서도 가장 중요한 예식인 관혼상제*는 나와 관계를 맺은 이들에게 알리고, 함께 모여 기쁨과 슬픔을 나누는 자리입니다. 관혼상제만 아니라 우리는 일상으로 누군가를 초대하거나 초대받으며 유대 관계를 이어갑니다. 이때 내 집을 찾아오는 이를 '손님'이라고 합니다.

나라마다 시대마다 손님을 대접하는 문화가 다릅니다. 카

---

* 관혼상제는 인간이 살면서 맞이해야 하는 가장 중요한 네 가지 의식을 의미한다. 관은 갓을 쓰는 일, 즉 어른이 되는 성인식을, 혼은 결혼을 의미한다. 상은 죽음을 맞이하는 장례식을 뜻하고, 제는 죽은 조상에게 음식을 바치는 제사를 의미한다.

자흐스탄에서는 손님이 오면 삶은 양고기나 소고기, 말고기로 만든 순대를 넣어 요리한 '베스바르막'을 차려 환대합니다. 몽골에서는 손님을 맞이하면 술을 대접하고, 중국에서는 밥을 함께 먹고 술을 나누어 마셔야 친구가 된다고 여깁니다. 우리나라에서도 손님이 오면 정성껏 마련한 음식을 대접하는 전통이 있습니다.

이처럼 나라와 시대를 불문하고 손님을 극진히 대접하는 문화는 공통으로 자리 잡고 있습니다. 그렇다면 정성을 다해 손님을 맞이하는 문화는 왜 생겨났을까요? 우리나라에 전해지는 손님네 이야기를 통해 그 이유를 살펴봅시다.

우리나라에서는 1990년대에 이르러 비디오테이프VHS가 대중화되면서 집에서 영화를 감상할 수 있게 되었어요. 그런데 무단 불법 복제가 기승을 부리자 이를 근절하기 위해 다음과 같은 문구를 비디오테이프 앞부분에 삽입했습니다.

옛날 어린이들은 호환 마마나 전쟁 등이 가장 무서운 재앙이었으나 현대의 어린이들은 무분별한 불량 불법 비디오를 시청해 비행 청소년이 되는 무서운 결과를 초래하게 됩니다.

이 문구에서는 '옛날 어린이들에게 마마가 매우 무서운 재앙이었다'고 말합니다. 전쟁이 큰 재앙이라는 것은 누구나 알지만 마마가 무엇인지 몰라 고개를 갸웃거리는 친구들도 있을 겁니다. 마마란 지금은 사라진 전염병인 천연두를 가리키며 사망률이 매우 높아 한때 전 세계 사망 원인의 10퍼센트를 차지하기도 했습니다. 이 전염병은 인도에서 시작되어 신라 시대에 우리나라로 유입된 것으로 추정됩니다.《조선왕조실록》을 보면 조선 시대에도 그 피해가 매우 컸음을 알 수 있습니다.

조선 시대는 유학을 계승했기 때문에 굿이나 무당 같은 무속 신앙을 금기시했습니다. 그런데 천연두가 기승을 부려 백성의 건강을 크게 위협하자 국가는 무당이 환자 치료에 참여하는 것을 인정하고, 장부에 등록해 의원과 함께 일하도록 규정했습니다.

무당은 질병의 원인이 신의 노여움에 있다고 보았기 때문에 무당이 치료한다는 것은 곧 신의 노여움을 달래는 행위라고 여겼습니다. 즉 조선 시대에 천연두 치료를 무당에게 맡길 수 있도록 제도를 바꾸었다는 것은 천연두를 단순한 바이러스가 아닌 신적인 존재로까지 여겼다는 뜻이기도 합니다.

실제로 사람들은 마마신을 두려워해 이름을 직접 부르지 않고 '별상마마님'이라는 최고의 존칭으로 불렀습니다. 이 정도면 당시 사람들이 천연두를 얼마나 무서워했는지 짐작할 수 있지요.

이러한 무속 신앙은 선사 시대부터 이어져 내려왔습니다. 인간에게 닥친 문제는 초자연적인 존재 때문에 생긴다고 믿는 사고방식에서 비롯된 풍습입니다. 전쟁, 사건, 질병 등 모든 재앙이 귀신, 정령, 신들 때문에 생겨난다고 생각했기 때문에 사람들은 모든 것을 신에게 의지했습니다.

그래서 주변에서 일어나는 불행을 막거나 해결하기 위해 무당이 굿을 했습니다. 그중 '손님굿'은 마마신을 달래는 제(祭)*로 무당굿의 별상거리**와 호구거리**에서 행해집니다. 손님굿은 마마에 대한 두려움 때문에 금기와 제약이 많으며, 천연두 신이 떠나가는 길을 배웅하는 '배송굿'까지 이어집니다.

천연두는 정조 말기 청나라에서 인두 접종법이 전해지면서 상황이 크게 호전되었고, 세계보건기구WHO는 1970년에 천연두가 지구상에서 근절되었다고 선언했습니다. 그 후로 손님굿은 거의 사라졌습니다.

하지만 우리 신화 속에는 여전히 '손님네'라고 불리는 마마신이 전승되고 있습니다. 마마신은 어느 날 갑자기 찾아와 아이를 죽음에 이르게 하거나 얼굴에 곰보 자국을 남기기도

---

* 신령이나 죽은 사람의 넋에게 음식을 바쳐 정성을 나타냄. 또는 그런 의식

** 재수굿(재복과 행운을 기원하는 굿)에서 불리는 노래로, 별상은 별성, 별신으로 불리는 천연두 신을 높여서 부르는 데서 유래한다.

** 중부 지방에서 행하는 마마신인 호구신을 모셔 위하는 굿거리.

합니다. 잠시 머물다 바람처럼 사라지기 때문에 '손님'이라는 이름이 붙었다고도 합니다. 손님이 오면 귀한 음식을 대접해 서운하지 않게 하는 풍습은 오늘날까지 이어지고 있는데 아마도 마마신 이야기에서 비롯된 풍습일 것입니다.

옛사람들은 부모가 셋이라고 여겼습니다. 나를 낳아준 부모, 아이를 점지해 주는 삼신제왕님 그리고 손님네입니다. 전통적으로 동양에서는 아이의 탄생을 인간의 힘이 아니라 자연과 신의 영역에서 비롯된 것으로 생각했습니다. 따라서 부모가 셋이라는 사고방식은 인간의 삶이 혼자만의 능력이 아니라 신과 긴밀히 연결되어 있다는 믿음에서 나온 것입니다.

동양 세계관에서 신은 곧 자연의 존재이므로 신에게 품은 감사와 겸손은 곧 자연에 대한 태도로 이어집니다. 그래서 '인간은 자연에 의해 태어나고 자란다'는 인식이 자리 잡았고, 이에 따라 인간 중심의 사고를 가진 서양과 달리 자연 중심적인 세계관이 형성되었습니다.

손님네는 원래 53명이나 되었는데 강남에 있는 대한국이라는 나라에 모여 살고 있었습니다. 그들은 눈이 밝아 앉아서 3,000리를 내다보고 서서도 9만 리를 굽어볼 수 있었다고 합니다.

그러던 어느 날 사방을 둘러보니 해동국이라는 나라가 살기 좋은 곳으로 보였습니다. 하지만 나라가 너무 좁아 손님네 전부가 들어가면 앉을 자리도, 설 자리도 없을 듯했습니다. 그래서 문반손님, 호반손님, 각시손님 세 명만 해동국에 가기로 했습니다.

세 손님은 서로 다른 특징이 있습니다. 글 읽는 문반손님은 아이의 수명을 늘려주고, 칼을 잘 쓰는 호반손님은 아이에게 올 살*을 막아줍니다. 그리고 각시손님은 아이에게 고운 미모를 줍니다.

세 손님은 해동국으로 가기 위해 기러기강에 도착했습니다. 그런데 강을 건널 배가 보이지 않았습니다. 그때 강가에 있던 배 한 척이 눈에 들어와 손님네는 배를 빌려달라고 청했습니다.

"여보시게, 사공 양반. 우리를 강 건너 태워주겠소? 우리는 손님네요. 건너게 해준다면 자네 아이들에게 오는 마마를 가벼이 앓고 지나가게 해주겠네."

"이보시오. 손님네. 기러기강을 건너는 일은 보통 어려운 게 아니오. 가마에 앉아있는 고운 아씨가 하룻밤 수청을 들어준다면 생각해 보겠소"

이 말은 들은 손님네는 크게 화가 나 사공의 목을 쳐 죽이

---

* 사람을 해치거나 물건을 깨뜨리는 모질고 독한 귀신의 기운

고 그의 일곱 아들에게 모진 천연두를 내렸습니다. 사공의 아
내는 일곱 아들이 모두 죽게 생기자 발을 동동 구르며 손님네
를 찾아가 제발 아들 하나만이라도 살려달라고 간절히 애원
했습니다. 이에 손님네는 막내아들만 살려주고 스스로 기러
기강을 건넜습니다.

각시손님에게 장난을 친 사공은 화를 당했습니다. 이는 신을 업신여긴 죄에 대한 노여움일 뿐 아니라 어려운 이를 돕지 않고 여성을 희롱한 행위에 대한 징벌로 볼 수 있습니다. 손님네의 천둥 같은 분노도 사공의 아내가 애절히 빌자 눈 녹듯 사그라졌습니다.

이윽고 해동국에 도착한 손님네는 아이들에게 마마를 앓게 하며 돌아다녔습니다. 대접을 잘한 집 아이에게는 가벼운 병을 주었고, 박대하는 집 아이에게는 심한 병을 주어 생사를 넘나들게 했습니다.

어느 날 저녁, 손님네는 대궐 같은 기왓집에 사는 김장자를 찾아가 먹을 것을 청했습니다. 그러나 김장자는 말도 붙이지 못하게 화를 내며 손님네를 쫓아냈습니다. 손님네는 하는 수 없이 김장자의 집에서 품*을 팔아 살아가는 노고할머니 집을 찾아갔습니다.

노고할머니는 손님네를 보자 버선발로 뛰어나와 반기고 집 안을 깨끗이 치운 뒤 모셔 들입니다. 하지만 쌀 한 톨 없는 살림이라 대접할 길이 막막했습니다. 결국 김장자 집에서 겨우 벼 한 되를 빌려 죽을 쑤어 손님네를 대접했습니다.

이튿날 손님네는 고마움을 전하며 말했습니다.

---

* 돈을 받고 하는 일

"할머니 덕분에 속이 따뜻해졌습니다. 은혜를 어찌 갚을까요. 집안에 아이가 있으면 마마를 가볍게 앓고 지나가게 해 드리겠습니다."

노고할머니는 외손녀가 멀리 있어 대신 삯을 받고 키우는 김장자 댁 삼대독자 철현이 도련님을 돌봐달라고 청했습니다. 손님네는 김장자가 괘씸했지만 노고할머니의 간청에 못 이겨 들어주려 했습니다. 그런데 이 말을 들은 김장자는 "동냥아치가 무슨 막말이냐!" 하고 손님네를 또다시 내쫓았습니다.

손님네는 결국 노구할머니 외손녀를 찾아가 약속대로 마마를 가볍게 앓고 지나가게 하며 곱게 자라고 오래 살 복을 내려주었습니다.

한편 김장자는 뒤늦게 손님네의 내력을 듣고 불안에 떨었습니다. 혹시 손님네가 앙갚음하려 아들에게 해를 끼치면 어쩌나 싶어 철현이를 산속 절에 숨겨두고 집 담장 모퉁이마다 손님네가 가장 싫어하는 매운 고춧불을 피워두었습니다.

그러나 이 일로 손님네의 분노는 더욱 커졌습니다. 각시손님은 어머니의 모습으로 변해 절에 숨어있는 철현이를 불러냈고, 호반손님은 채찍을 휘둘러 온몸이 부서지는 고통을 안겼습니다. 철현이는 "차라리 집에 가서 죽고 싶습니다"라고 간청했고, 김장자 부부는 급히 아들을 집으로 데려왔습니다.

몰래 뒤따라온 손님네는 철현이의 팔다리 마디마다 은침

눗침을 꽂아 마마를 불어넣었습니다. 곧 얼굴과 몸에 종기가 불뚝불뚝 솟아나며 고통이 더해졌습니다. 하지만 김장자는 여전히 손님네의 무서움을 몰랐습니다. 종기를 없애겠다며 짚을 태워 철현이 몸 위아래로 쓸었지만 종기는 더욱 부풀어 올랐습니다. 침쟁이를 불러 종기를 터뜨리자 생살이 드러나며 철현이는 점점 죽어갔습니다.

결국 아들의 고통을 참지 못한 김장자의 아내는 "삼대독자가 죽으면 어쩌자고 그러느냐"며 남편을 달래어 손님네에게 빌어야 한다고 말했습니다.

김장자 부부는 손님네 앞에서 싹싹 빌며 제발 철현이의 병을 고쳐달라고 간청합니다. 아들을 살려주면 송아지를 잡아 고기를 내고 곳간을 털어 술과 떡을 대접하겠다고 약속하지요.

김장자 부부의 기도를 들은 손님네는 철현이의 병을 고쳐주어 다시 멀쩡한 모습으로 되돌려놓습니다. 이를 본 김장자의 아내는 몹시 기뻐하며 어서 약속한 대로 곳간을 털어 대접하자고 재촉합니다. 그런데 욕심 많은 김장자는 송아지와 곳간의 곡식이 아까워 손님네를 대접할 생각이 사라져버립니다.

"송아지를 잡아 대접한다는 허튼소리 말고 문간에 짚을 깔고 먹고 남은 밥 한 상 차려놓구려. 먹고 가든 싸 가든 좋을 대로 하겠지."

이 말을 들은 손님네는 분노가 치밀어 피가 거꾸로 솟습니다. 곧바로 철현이를 다시 붙잡아 때려눕히고 뼈마디마다 은 침 쇠침을 꽂아 온몸이 찢어지는 듯한 고통을 주었습니다. 그 리고 죽어가는 철현이에게 유언이나 남기라고 합니다. 철현 이는 몸이 부서지는 듯한 고통 속에서 눈물을 주르륵 흘리며 마지막 말을 남깁니다.

"불쌍한 어머니, 어리석은 남편 만나 하나뿐인 자식까지 잃 으시는구나. 제가 떠나면 이 많은 재물이 무슨 소용이 있겠습 니까. 저는 부모 잘못 만난 죄로 손님네 따라 떠나렵니다. 아 버지, 한평생 재산 부둥켜안고 잘살아보시오. 어머니, 부디 건 강히 계십시오. 저는 훨훨 떠나갑니다."

손님네는 철현이에게 환생시켜 주겠다며 어디에서 태어나 고 싶은지를 묻습니다. 하지만 철현이는 다시 태어나지 않겠 다며 손님네를 따라다니겠다고 합니다. 그때부터 철현이는 손님네의 막둥이가 되어 심부름하게 됩니다.

손님네들은 이 마을 저 마을 떠돌아다니며 아이들에게 마 마를 앓게 했습니다. 하지만 손님네에게 정성껏 대접한 집에 는 가벼운 마마를, 불손하게 대하는 집에는 심한 마마를 내렸 지요. 그래도 철현이의 간청 덕분에 아이들의 목숨까지는 빼 앗지 않았다고 합니다.

세월이 흐른 뒤 손님네는 다시 노고할머니와 김장자가 살 던 마을을 찾았습니다. 이제 김장자의 많은 재산은 모두 노고할머니에게로 돌아가 있었고, 김장자 부부는 노고할머니의 오두막집에 얹혀살고 있었습니다.

노고할머니는 가족과 오순도순 지내고 있었지만 김장자는 중풍에 걸려 짚신 삼는 일을 하고 아내는 바가지를 들고 빌어먹고 다니는 처지가 되었지요. 이를 본 철현이는 기가 막히고 가슴이 미어져 주먹으로 가슴을 치며 통곡합니다. 그리고 어머니를 부둥켜안고 울부짖습니다.

막내 손님의 애절한 곡소리에 손님네의 가슴도 미어졌습니다. 결국 김장자의 병을 낫게 해주고 다시 먹고살 만큼의 재물을 마련해 주었습니다. 이를 본 막내 손님은 마음이 놓여 손님네를 따라 강남 천자국 세천산으로 떠났다고 합니다.

손님네는 물질적인 것보다 마음을 더 중요하게 여겼습니다. 그래서 벼 한 됫박으로 쑨 죽을 올린 소박한 밥상에 감동했지만 김장자에게는 괘씸한 마음을 품은 것이지요. 김장자는 재산을 지키려는 욕심 때문에 약속을 어겼고 결국 가장 소중한 자식마저 잃게 되었습니다.

마마신은 벌을 내리는 무서운 신이지만 용서를 베풀고 상을 내리기도 합니다. 화를 내다가도 간절히 빌면 마음을 풀기도 하지요. 그리고 노고할머니가 정성껏 올린 죽 한 그릇에도 감동하는, 마음이 따뜻한 신입니다.

결국 손님을 대접할 때 중요한 것은 물질이 아니라 마음과 정성이라는 사실을 깨닫게 됩니다. 그런데 우리는 왜 손님을 극진하게 맞이해야 할까요?

아브라함은 손님이 발을 씻을 수 있도록 물을 준비하고 음식을 정성껏 대접했습니다. 그리고 오디세우스가 고향에 돌아왔을 때 돼지치기는 그를 보며 "모든 나그네와 걸인은 제우스가 보낸 존재다"라고 말하며 손님을 귀히 여겼습니다.

철학자 서동욱은 그의 저서 《타자철학》에서 아브라함과 돼지치기의 환대가 곧 타자와의 마주침이라고 설명했습니다. 여기에서 손님, 즉 타자는 '나와 다른 존재'를 의미합니다. 타자는 가족과 친구, 선생님, 선조를 비롯해 세상의 모든 사람을 포함합니다. 인간은 사회적 존재이기에 타자와 관계 맺음으로써 영향을 받고, 자신의 존재를 증명받습니다. 타자는 단순히 남이 아니라 나라는 존재가 성립되는 근거이기 때문에 매우 중요한 존재이지요.

타자와의 마주침은 혼자 존재하는 유아적 단계에서 벗어나 타인과 더불어 살아가는 사회적 존재로 태어나는 것을 뜻합니다. 그렇다면 생물학적으로 나를 태어나게 하는 신이 삼신 할망이라면 사회적으로 나를 태어나게 하는 신은 마마신이라고 해석할 수 있지 않을까요?

우리 신화와 함께하는 토론·논술 활동

다음 자료는 초·중·고등 교과와 연계해 논술 및 토론 활동에 활용할 수 있습니다. 문제의 난이도와 교과 수준에 맞추어 선택해 활용하세요.

1 난이도 ★, 초등 사회

나라마다 지역마다 손님을 대접하는 방식이 다릅니다. 우리 집에서는 어떻게 손님을 맞이하나요? 손님이 찾아왔을 때 무엇을 했는지 생각해 봅시다.

엄마	예) 맛있는 음식을 차려요.
아빠	예) 청소를 해요.
나	예) 손님이 오면 현관에 나가서 인사를 해요.

2 난이도 ★, 초등 국어

노고할머니는 큰 부자가 되어 고래등 같은 기와집에 살고, 김장자 부부는 쪽박을 들고 빌어먹고 삽니다. 김장자와 노고할머니의 삶이 달라진 원인이 무엇인지 이야기해 봅시다.

마마신은 뱃사공과 김장자에게 벌을 내렸어요. 벌을 내린 까닭을 생각해 보고 마마신이 내린 벌이 적당한지, 내가 마마신이라면 어떤 벌을 내렸을지 이야기해 봅시다.

	인물의 행동	마마신이 내린 벌
뱃사공	저 끝의 고운 각시가 하룻밤 수청을 들어준다면 배를 빌려준다고 했어요.	일곱 아들을 심하게 앓게 했어요. 왜냐하면
내 생각	마마신이 뱃사공에 내린 벌은 1. 적당해요 2. 적당하지 않아요	내가 만일 마마신이라면

최근 조류인플루엔자에 걸린 고양이가 집단 폐사하는 문제가 발생했습니다. 정부는 감염병 확산 및 차단을 위해 안전 문자를 보냅니다. 선사 시대 사람들과 현대 사람들의 문제 해결 방식을 적은 후 이를 비교해 봅시다.

	무속	과학
천연두	**원인**: 착하게 살지 않아 마마신이 노하셨다고 생각했어요. **해결 방법**: 무당을 불러 굿판을 벌였어요. 착하게 살아야겠다고 다짐했어요. **결과**: 사람들이 나쁜 행동을 하면 벌을 받는다고 생각해서 착하게 살려고 노력해요.	**원인**: 접촉자 가운데 천연두에 걸린 사람이 있어서 감염된 거예요. **해결 방법**: 병원에 가서 진단받고 백신을 맞아요. 그리고 질병관리청에 신고해요. **결과**: 외출해서 집에 돌아온 후 항상 손을 깨끗하게 씻는 습관을 갖게 되었어요.
조류 인플루엔자	원인: 해결 방법: 결과:	원인: 해결 방법: 결과:
무속과 과학적 사고방식의 장단점		

이웃처럼 친근한
우리 도깨비

장난꾸러기로 알려진 도깨비가 신이라니요!

우리가 흔히 아는 도깨비는 사람들을 골려주고 씨름이나 내기를 좋아하며, 밤이면 숲속 버려진 집에서 "금 나와라, 뚝딱! 은 나와라, 뚝딱!"을 외치고, 맛난 음식과 술을 배불리 먹으며 춤추기를 즐기는 존재입니다. 게다가 사람들에게 곧잘 속아 넘어가는 어리숙한 모습까지 보여주지요. 이런 도깨비를 과연 신이라고 부를 수 있을까요?

도깨비는 분명 신통한 능력을 발휘해 사람들에게 벌을 내리기도 하고 복을 주기도 합니다. 하지만 저승이나 이승 어딘가에 자리 잡고 역할을 맡은 다른 신들과 달리 인간 세상 어딘가에 숨어 지내다 불쑥 나타나 말썽을 피우기도 하니 온전한 신이라고 하기는 조금 부족해 보입니다. 그래서 사람들은 도깨비를 신과 인간 사이 어딘가에 있는 특별한 존재로 생각했습니다.

우리 도깨비는 구전되는 옛이야기 속에서 친근한 모습으로 나타납니다. 털이 많지만 뿔은 없고, 바지저고리에 패랭이를 쓰고 떨어진 미투리를 신은 채 곰방대를 문 모습이지요. 돼지고기, 수수 범벅, 메밀묵을 즐기고 소주를 좋아하며 비 오는 날이나 안개 낀 날에 자주 돌아다닌다고 전해집니다. 미녀를 따라다니기도 하고, 뜻대로 되지 않으면 병을 주기도 하지만 잘 모시면 부자가 되게 해주거나 고기가 잘 잡히게 도와주기도 했습니다.

우리 도깨비는 사람을 괴롭히기보다 짓궂은 장난을 즐기는 존재였습니다. 지나가는 사람을 불러 세워 씨름을 걸기도 하고 따돌림을 당하면 화를 내기도 했지요. 우리에게 익숙한 '도깨비방망이'나 '도깨비감투' 같은 이야기는 해학과 풍자를 담고 있습니다. 어리숙한 도깨비의 행동은 웃음을 자아내지만 동시에 착한 사람에게는 복을 주고 못된 사람은 혼내주는 똑 부러진 모습을 보이기도 합니다.

그렇다면 도깨비는 어디서 생겨난 걸까요? 옛사람들은 오래된 물건이 변하거나 풀, 나무, 흙, 돌 같은 자연물의 정기가 변해 도깨비가 된다고 믿었습니다. 대표적인 예가 바로 '외다리도깨비'입니다. 빗자루를 닮았다는 이 도깨비는 씨름을 가장 좋아했는데 다리가 하나뿐이라 반드시 다리를 걸어 넘어뜨려야 이길 수 있었습니다. 그렇게 넘어뜨려 나무에 묶어두면 다음 날 아침 빗자루로 변해있다고 전해집니다. 이는 오래된 물건이 도깨비로 변한다는 믿음을 잘 보여줍니다.

다른 도깨비 이야기도 함께 살펴볼까요?

옛날 옛적 어느 마을에 콩죽할머니가 살았답니다. 어느 날 할머니가 콩밭을 매다 보니 날이 금세 저물었어요. 집에 돌아온 할머니는 콩죽을 쑤어 먹으려고 콩을 갈고 있었는데 그때 키가 8척이나 되는 사람이 휘적휘적 부엌으로 들어와 말했습니다.

"할머니, 나도 콩 좀 주소."

그 사람이 콩을 한 줌 집어 먹는데 콩 씹는 소리가 이상합니다. 쩝쩝 소리를 내야 할 것 같은데 이상하게도 따르르 따르르 소리를 내며 먹는 게 아니겠어요. 신기해서 보고 있으니 또 달라고 하고, 또 달라고 하고 자꾸만 보채더랍니다. 화가 난 할머니는 허리끈을 풀어 그를 나무에다 단단히 묶어두고 방으로 들어갔는데 다음 날 아침 나가 보니 헌 도리깨가 꽁꽁 묶여있더라네요.

민담 속 도깨비를 살펴보면 '김서방'이라는 별명을 가진 도깨비가 가장 많이 나옵니다. 옛사람들은 도깨비가 덩치 큰 남자의 모습이라고 여겼기 때문이지요. 또 도깨비 설화에서 빠지지 않고 나오는 존재가 바로 '불도깨비'인데 밤길에 파란 도깨비불이 이리저리 움직인다는 이야기가 전해 내려옵니다.

육지의 도깨비 이야기가 이렇게 익살스럽고 즐거운 데 비해 제주도의 도깨비 이야기는 조금 다릅니다.

제주도에서는 〈영감본풀이〉라는 신화에서 도깨비 이야기가 전해집니다. 영감은 도깨비를 높여 부르는 말로, '참봉'이나 '야차'라고도 불렸습니다. 〈영감본풀이〉, 즉 도깨비를 부르는 굿을 통해 사람들은 병을 고치고, 새 어선의 안전을 빌며, 마을의 평안을 기원했습니다.

〈영감본풀이〉에 따르면 특별한 능력을 지닌 인물들이 태어나 그 지역을 지키는 도깨비 신이 되었다고 합니다. 이 신화는 대략 일곱 가지 이야기로 전해지는데 공통된 내용을 정리하면 다음과 같습니다.

서울 남산 먹자 고을에 사는 허정승에게는 일곱 아들이 있었는데 큰아들은 백두산 일대를, 둘째 아들은 태백산 일대를, 셋째 아들은 계룡산 일대를, 넷째 아들은 무등산 일대를, 다섯째 아들은 지리산 일대를, 여섯째 아들은 유달산 일대를, 일곱째 아들은 한라산 일대를 차지해 '영감신'이 되었답니다.

이 신들은 동에 번쩍, 서에 번쩍하며 순식간에 천리만리를 오가고, 먹을 것을 특히 좋아했는데 그중에서도 수수떡과 수수밥을 즐겨 먹었습니다. 또 고기와 술을 제물로 받아먹기도 했지요.

겉모습은 양태만 달린 헌 갓을 쓰고 낡은 총이 붙은 미투리를 신은 채 한 뼘도 안 되는 곰방대를 물고 다니는 초라하고 우스꽝스러운 모습이었지만 이 신을 잘 모시면 부자가 되고 병도 낫고 도깨비불을 다스려 화재를 피할 수도 있다고 믿었습니다.

영감신은 썰물에는 강변에서, 밀물에는 물속에서 놀았으며, 백록담, 물장오리, 태역장오리를 좋아해 그곳에서 자주 어울렸습니다. 또 삼천 어부의 어장을 즐겨 찾아다녔고, 해녀와 홀어머니를 좋아해 함께 살자고 따라붙는 바람둥이였지요. 안개 낀 날과 비 오는 날을 좋아했으며, 순식간에 천리만리를 뛰어다니는 재주도 있었습니다.

〈영감본풀이〉가 전하는 도깨비의 모습은 어떤 의미일까요? 제주도의 도깨비는 섬사람의 삶과 함께하며 어려움을 돕고, 함께 먹고 함께 즐기는 친구 같은 존재였습니다. 어려움을 해결해 줄 수 있는 든든한 친구가 있다면 얼마나 힘이 될까요? 육지와 떨어져 외롭게 살아가는 섬사람들에게 큰 위로가 되었을 것입니다.

　　이처럼 우리 조상들은 사람도 아니고 신도 아닌 도깨비를 친근한 존재로 여겼습니다. 그래서 집 안 벽이나 기둥에 도깨비 형상을 걸어두거나 기와에 도깨비 얼굴을 새겨 넣기도 했습니다. 도깨비가 나쁜 사람을 혼내주고 잡신을 물리쳐준다고 믿었기 때문입니다.

　　빌린 돈을 깜박 잊고 자꾸 갚아주는 도깨비 덕분에 돈을 빌려준 사람이 부자가 되었다는 이야기, 개암나무 열매 깨무는 소리에 집이 무너지는 줄 알고 도깨비방망이까지 버리고 간 도깨비 이야기, 혹부리영감의 혹을 노래 주머니라고 철석같이 믿었던 도깨비 이야기. 우리 이야기 속 도깨비들은 하나같이 어수룩합니다. 이 어수룩함이 참 정겨워서 도깨비 이야기가 오늘날까지 이어져 온 것이 아닐까요?

완벽하게 멋진 영웅 역할을 하는 신도 좋지만 우리 곁에서 함께 웃고 즐기며 우리를 돕는 도깨비 신이 있다는 사실만으로도 마음이 즐거워집니다.

한동안 많은 사람을 TV 앞에 불러 모았던 드라마 〈도깨비〉에서도 특별한 능력을 갖추었지만 너무나 인간적인 도깨비가 등장합니다. 인간을 좋아하고 인간 세상에서 함께 살기를 바랐던 우리 도깨비의 모습을 그렸기에 드라마 속 도깨비를 보며 우리가 그렇게 설렐 수 있었던 건지도 모릅니다.

우리 곁에서 삶의 즐거움과 기쁨, 슬픔과 아픔을 함께 나누며 살아온 조금은 부족하지만 정겨운 신, 친구 같은 도깨비! 이런 도깨비가 있었기에 옛사람들은 고달픈 삶 속에서도 웃음을 잃지 않을 수 있었을 것입니다.

우리 신화와 함께하는 토론·논술 활동

다음 자료는 초·중·고등 교과와 연계해 논술 및 토론 활동에 활용할 수 있습니다. 문제의 난이도와 교과 수준에 맞추어 선택해 활용하세요.

1   난이도 ★★, 중등 국어

일제 강점기 때문에 뒤바뀐 우리 도깨비의 모습은 해방 후에도 여전히 왜곡되어 이어졌습니다. 아직도 남아있는 일제 강점기의 흔적 중 가장 흔하게 접할 수 있는 것이 '말'입니다. 우리말 중에 일본어 흔적이 남아있는 것은 어떤 것이 있는지 생각해 보고, 어떤 말로 바꾸어 사용해야 할지 이야기해 봅시다.

2   난이도 ★, 초등 국어

다음은 우리나라 도깨비와 일본 도깨비 오니를 비교해 놓은 것입니다. 우리가 흔히 알고 있는 뿔난 도깨비는 일본 전설에 나오는, 사람을 괴롭히고 잡아먹는 요괴 '오니'와 비슷합니다. 일제 강점기에 내선일체 정책의 하나로 일본 도깨비를 교과서에 가져온 것이 지금까지 남아있는 것이지요. 일본 도깨비와 비교하면서 우리나라 도깨비를 소개하는 글을 써봅시다.

우리나라 도깨비 	손때 묻은 물건에서 나와요. 뿔이 없어요. 장난꾸러기예요. 사람들과 씨름하는 걸 좋아해요. 방망이 모양이 다양해요. 우리 옷을 입고 패랭이를 썼어요.
일본 요괴 오니 	악한 마음에서 나와요. 뿔이 있어요. 성질이 포악해요. 사람들을 잡아먹어요. 방망이가 철퇴 같아요. 원시인처럼 짐승 가죽옷을 입어요.

3 　　　　　　　　　　　　　　　　　　　**난이도 ★★, 중등 사회**

다음은 우리나라 곳곳에 있는 도깨비 체험 마을에 대한 자료입니다. 지구촌이란 말이 생기고 글로벌화되어 가는 시대에 우리 전통을 알아가고 지켜야 하는 이유에 관해 이야기해 봅시다.

섬진강 도깨비마을: 고대부터 현대까지 5,000년 동안 소설에 나온 도깨비를 두루 모아 전시하고 있다. 표정이 다양하고 몸짓이 재미있는 도깨비들을 보는 재미가 있다. 도깨비 그리기, 탈춤 배우기, 부적 찍기 등을 해

볼 수 있으며 농촌 체험 학습도 할 수 있다.

— 위치: 전라남도 곡성군 고달면 호곡2길 119-99

방곡 도깨비마을: 농촌 체험하기, 도자기 만들기, 내가 직접 도깨비가 되어 보는 도깨비 체험 프로그램이 있다.

— 위치: 충청북도 단양군 대강면 선암계곡로 148

국립제주대학교 도깨비공원: 옛날부터 도깨비 이야기가 많이 전해지는 제주도에 있다. 동화 속 도깨비를 주제로 한 도깨비 테마공원이다. 상상의 도깨비를 직접 만들어보는 도깨비 가면 체험, 도깨비 인형을 만드는 양초 체험 등이 있다.

— 위치: 제주도 북제주군 조천읍 번영로 1488

4　　　　　　　　　　　난이도 ★★★, 고등 시사 & 논술

월드컵 경기가 있는 곳이면 어디서든 볼 수 있는 '붉은 악마'를 떠올려봅시다. 붉은 악마의 모델은 《환단고기》에서 전해지는 '치우천왕'이라고 합니다. 도깨비 형상이라고 하는데요. 뿔이 있고 송곳니가 있어 우리나라 도깨비 형상과는 달라 한때 논란의 대상이 되기도 했습니다.

드라마나 영화, 중요한 상징물과 같은 문화 콘텐츠를 만들 때 역사적 내용을 정확히 인식해야 하는 이유는 무엇일까요? 근

거를 들어 논술해 봅시다.

■《한단고기》 삼성기 편에 의하면 치우천왕은 BC 2707년에 즉위해 109년간 나라를 통치했던 왕이라고 합니다. 그는 신처럼 용맹이 뛰어났고 구리로 된 머리와 쇠로 된 이마를 하고 큰 안개를 일으키며 세상을 다스렸다고 전해집니다.

《한단고기》는 치우천왕이 중국의 황제와 일흔세 번 싸워 다 이겼으나 일흔네 번째 탁록전쟁 때 전사했다고 전합니다. 치우천황은 도깨비 부대를 이끌었다고 전해지는데, 치우천왕을 도깨비라고 하는 이유가 여기에 있습니다. 중국의 황제는 싸움에서 이기자 치우천왕의 시신을 다섯 토막 내어 다섯 방위에 각각 묻었습니다. 무속에서 굿을 할 때 군웅거리에서 청제, 적제, 황제, 백제, 흑제의 5제를 청하는 것은 다섯 방위에 흩어져있는 치우천왕의 신명을 불러 모으는 것이라고 합니다.

— 출처 : 치우천왕《문화원형백과 오방대제》

■ '치우천왕(蚩尤天王)'은 환웅천왕이 건국했다고 전해지는 배달국의 14대 천왕으로 전쟁에 능해 승리를 상징합니다. 이런 이유로 한국 축구 대표팀과 그들을 응원하는 붉은 악마를 상징하는 이미지로 쓰였습니다. 1999년 브라질전부터 선보인 치우천왕 이미지는 여러 자료에 나타나는 그림을 참고해 축구 전문 디자이너 장부다 씨가 디자인했습니다.

2022 개정 교육과정 교과 연계표

1부. 세상의 문을 여는 신들의 이야기

● 세상이 처음 생겨난 이야기 창세가 편

학년	교과목	연계 내용	학습 목표
초5	국어	지역 설화·신화 읽기	창세가의 줄거리를 이해하고 주요 사건을 정리한다.
초6	국어	이야기 구조 분석	창세 신화의 구조를 파악하고 주제를 도출한다.
	도덕	공동체 가치 학습	신화 속 세계관을 통해 공동체와 자연의 관계를 성찰한다.
중1	국어	전통 문학 갈래 학습	신화·전설·민담의 공통점과 차이를 이해하고 창세 신화의 위치를 파악한다.
	역사	지역사와 민속	강원도 지역 창세 신화가 민속 신앙과 지역사에 미친 의미를 탐구한다.
중2	국어	상징 해석	창세 신화 속 천지개벽, 인물·지형 전승을 연결하여 지역 문화적 배경을 이해한다.
	사회	지역 문화와 지리	창세 신화와 지명·지형 전승을 연결하여 지역 문화적 배경을 이해한다.
중3	국어	세계 신화 비교	창세가와 세계의 창세 신화를 비교하며 공통성과 치이점을 찾는다.
	도덕	인간과 자연의 관계	신화가 전하는 생태적 세계관과 인간의 삶의 의미를 성찰한다.
고	문학	고전 문학의 서사 구조	창세가의 문학적 특징과 고전 문학으로써의 가치를 탐구한다.
	화법과 작문	구술 전승과 기록 비교	창세 신화의 구술 문화적 전승 특징을 이해하고 구술 활동으로 재창작한다.
	역사	건국 신화와 창세 신화 비교	단군 신화, 주몽 신화, 김쌍돌이 창세가를 비교하며 고대 사회의 세계관을 이해한다.

● **저승과 이승을 다스리는 대별왕과 소별왕 편**

학년	교과목	연계 내용	학습 목표
초5	국어	신화·전설 읽기, 등장인물의 성격 파악	신화 속 형제 대립과 갈등 구조를 이해하고 이야기의 교훈을 찾을 수 있다.
초5	사회	지역 문화유산 이해	지역 전승 신화를 통해 공동체의 가치와 정체성을 이해할 수 있다.
초6	국어	이야기 구조 분석	신화 속 사건 전개 과정을 분석하고 주제를 도출한다.
초6	도덕	공정·정의 주제 학습	대별왕·소별왕의 대립에서 정의와 불의의 의미를 성찰한다.
중1	국어	전통 문학의 갈래와 특징	신화·전설·민담의 공통점과 차이점을 파악한다.
중1	역사	지역 신화와 민속	조선 시대 이후 구비 전승된 신화가 지역 사회에 끼친 의미를 이해한다.
중2	국어	상징과 의미 분석	대별왕·소별왕의 대립 구도를 권력·질서·운명과 연관 지어 해석한다.
중3	국어	세계 신화 비교	형제 갈등 구조를 가진 세계 신화와 비교 분석한다.
중3	도덕	인간과 사회의 갈등 이해	신화를 통해 권력 다툼과 사회적 질서의 의미를 성찰한다.
고	문학	한국 창세 및 지역 신화의 서사 구조	대별왕·소별왕 신화의 문학적 특징을 분석하고 고전 문학의 의미를 탐구한다.
고	화법과 작문	구술 문화와 기록 문화 비교	신화가 구비 전승된 방식과 의미를 이해하고 서사 구술 활동을 한다.
고	역사	건국 신화와 지역 신화 비교	단군 신화, 주몽 신화, 대별왕·소별왕 신화를 비교하며 한국 고대 사회의 신화적 세계관을 이해한다.
고	윤리	신화와 공동체 가치	형제 신화 속 대립과 화합을 통해 정의·질서·공동체의 가치를 탐구한다.

● **제주를 지키는 설문대 할망 편**

학년	교과목	연계 내용	학습 목표
초5	국어	지역 설화와 신화 읽기	설문대 할망 신화를 읽고 이야기의 줄거리와 교훈을 이해한다.
	사회	지역 문화유산 이해	제주 지역의 창세 신화를 통해 지역 문화의 특수성을 이해한다.
초6	국어	이야기 구조 분석	설문대 할망 신화의 사건, 구조를 파악한다.
	도덕	공동체와 자연 관계	거인 설문대 할망의 행위를 통해 인간과 자연의 관계를 성찰한다.
중1	국어	상징과 의미 분석	설문대 할망의 거대함과 죽음을 자연·인간관계의 상징으로 해석한다.
	사회	지역 문화와 지리	신화와 제주 지형의 형성을 연결 지어 탐구한다.
중3	국어	세계 신화와 비교	세계 여신 신화와 설문대 할망 신화를 비교한다.
	도덕	인간과 자연의 윤리	여신 신화를 통해 자연 존중과 생태 윤리의 가치를 탐구한다.
고	문학	한국 신화와 서사 구조와 지역성	설문대 할망 신화의 문학적 특징과 지역적 특수성을 분석한다.
	국어	구비 문학의 표현 방식과 상징	반복·과장·상징적 표현을 학습하고 창의적으로 재해석해 본다.
	역사	건국 신화와 지역 신화 비교	단군 신화, 주몽 신화와 함께 지역 창세 여신의 의미를 탐구해 본다.
	윤리	신화와 공동체 가치	설문대 할망 신화를 통해 공동체 신앙, 여성성과 자연관을 성찰해 본다.

2부. 탄생에서 죽음까지 여신이 지켜낸 세상

● 저승 가는 길을 위로해 주는 바리데기 편

학년	교과목	연계 내용	학습 목표
초5	국어	인물의 삶과 나의 경험을 이해하기	바리데기의 희생정신과 부모에 대한 효심을 통해 가족에 대한 책임과 사랑의 중요성을 이해한다.
초6	도덕	내 삶의 주인은 나	바리데기의 여정을 통해 자신의 가치를 발견하는 방법을 이해한다.
중1	국어	서사 구조 분석, 인물의 성격과 사건의 전개	바리데기 설화를 읽고 이야기의 구조, 인물의 성격 변화, 주제를 분석할 수 있다.
중1	도덕	자아 정체성	바리데기 설화를 통해 도덕적 관점에서 자신의 모습을 평가하고 성찰할 수 있다.
고	문학	고전 문학, 구비 문학 (설화)	바리데기 설화를 통해 구비 문학의 특징과 민중의 삶, 시대적 가치관을 분석한다.
고	윤리와 사상	유교적 효 사상의 뿌리와 현대적 의미	바리데기 신화를 통해 유교적 효 사상의 뿌리와 현대적 의미를 성찰한다.

● 세 아들을 신으로 키워낸 당금애기 편

학년	교과목	연계 내용	학습 목표
초5	국어	인물의 성격과 사건의 흐름 이해	당금애기 신화를 통해 주인공의 성격과 이야기 구조를 파악하고, 설화의 교훈을 이해한다.
초6	도덕	크고 아름다운 사랑	당금애기의 자기희생을 통해 가족 사랑과 생명의 소중함을 느끼고 사랑의 모습을 실천해 본다.
중1	국어	서사 구조 분석, 전통 서사의 특징	신화적 구조와 인물의 서사적 여정을 통해 전통 설화의 형식을 이해한다.

중1	도덕	가족 사이의 도리를 어떻게 실천할 것인가?	가정에서 발생하는 갈등을 해결하려는 자세를 지닐 수 있다.
고	문학	구비 문학(설화/신화) 분석	구비 문학으로써 당금애기 신화의 주제, 구조, 여성상 등을 분석하고 문학적 가치를 탐구한다.
	윤리와 사상	전통 신앙의 철학적 의미, 여성의 역할과 가치	무속 신화 속 여성의 역할과 희생을 통해 전통 사회의 가치관과 그에 대한 현대적 재해석을 시도한다.

● 인간과 신의 대결 삼승할망 저승할망 편

학년	교과목	연계 내용	학습 목표
초3~4	국어	전래 신화(단군, 주몽, 연오랑, 세오녀 등)와 함께 삼승할망 저승할망 소개	우리 민속 신화의 특징과 상징을 알고, 생명과 죽음에 대한 옛사람들의 생각을 이해한다.
초5	도덕	긍정적인 생활	어려움에 부딪혔을 때 이를 극복할 수 있도록 깊이 반성하고 바르게 판단하는 힘을 길러본다.
중1	국어	설화·신화 단원 (삼국유사 건국 신화와 비교)	제주 신화와 한반도 건국 신화의 차이를 이해하고, 지역적·문화적 다양성을 인식한다.
중2	도덕	타인과의 관계 자연, 초월과의 관계	갈등 상황을 평화적으로 해결하는 방법에 대해 이해한다. 죽음의 의미와 삶을 의미 있게 살아가기 위한 방법에 대해 이해한다.
중3	문학	구비 문학 단원 (신화, 전설, 민담)	삼승할망·저승할망 신화의 서사 구조와 상징성을 분석하여 한국 신화의 세계관을 이해한다.
고	윤리	생명과 윤리, 죽음과 삶의 의미	출생의 의미와 삶의 가치를 통해 현대 사회에서의 생명 윤리 문제(안락사, 장례 문화 등)를 성찰한다.

● **나의 운명은 나의 것 가믄장아기 편**

학년	교과목	연계 내용	학습 목표
초6	국어	• 작품 감상하기 • 등장인물의 삶 찾기 • 이야기 간추리기	우리 신화의 의미를 이해하고, 신화 속 인물의 삶이 주는 교훈을 이해한다.
중1~2	국어	• 서사 문학의 이해 • 의미 공유하며 말하기 듣기 • 비유와 상징 찾기	신화 속 인물과 사건을 통해 서사 구조를 이해하고 사건의 의미를 이해한다.
중2~3	도덕	• 신화 속 등장인물의 행동에 관한 토론 • 가믄장아기의 독립성의 가치 찾기	신화 속 인물의 행동을 윤리적으로 해석하고 자신의 삶에 적용하는 태도를 기른다.
고	국어 문학	• 구비 문학과 신화의 현대적 해석 • 여성의 삶과 시대상 탐구	현대적 관점에서 신화를 분석하고, 여성의 주체성 관점에서 가믄장아기의 메시지를 이해한다.
	사회문화	• 신화의 공동체 문화 이해 • 사회적 갈등 구조와 치유	가믄장아기에 나타난 가족 문화와 갈등, 치유의 상징성을 이해한다.

● **시간을 흐르게 한 사계절의 신 오늘이 편**

학년	교과목	연계 내용	학습 목표
초5	국어	• 대화와 공감 • 글쓴이의 주장 알기 • 기행문 쓰기	부모를 찾아가는 오늘이 여정의 의미를 알고, 오늘이가 만난 인물의 마음을 이해한다.
중1~3	국어	• 신화, 전설, 설화의 차이 이해하기 • 자기 정체성 찾기 • 이타적 삶	신화 읽기 및 내용을 바탕으로 이름의 정체성과 자기 비전을 갖게 한다.

학년	교과목	연계 내용	학습 목표
중2~3	도덕 역사	• 공동체와 나눔 • 타인과의 관계 • 저마다의 관점(전통적 가치관과 시대 가치관)	나눔의 가치와 공동체의 중요성을 이해하고, 협력하는 힘을 기른다.
고	국어 문학 창제	• 인간과 자연 • 상생 • 시간의 중요성	자연과 인간의 상생을 주제로 인간 존재의 의미를 탐구한다.
공통	독서	• 원전 신화 오늘이와 그림책, 애니메이션의 비교	오늘이 이야기의 뒷이야기 쓰기와 나만의 창작 이야기를 만들 수 있다.

● 사랑과 인내로 농사를 다스리는 자청비 편

학년	교과목	연계 내용	학습 목표
초5	국어	전통 설화와 신화 읽기	자청비 신화를 읽고 이야기의 줄거리와 여주인공의 특징을 이해한다.
	사회	지역 문화유산 이해	제주 지역 전승 신화를 통해 농경 사회의 생활과 문화를 이해한다.
초6	국어	인물의 성격과 주제 분석	자청비의 주체적 선택과 도전을 중심으로 신화의 주제를 파악한다.
	도덕	평등과 역할 이해	자청비 신화 속 성역할을 통해 성평등 가치를 탐구한다.
중1	국어	전통 문학 갈래와 특징	신화·전설·민담 속 여성 인물 비교, 자청비의 특징을 파악한다.
	역사	지역사와 민속	농경의례와 관련된 신화가 지역 공동체에 끼친 의미를 이해한다.
중2	국어	상징과 의미 해석	자청비의 모험과 도전 서사를 인간의 의지·자유·책임의 상징으로 해석해 본다.
	사회	지역 문화와 생활	농경·풍요 신화와 지역 생활 문화의 연계성을 탐구한다.

학년	교과목	연계 내용	학습 목표
고	문학	여성 영웅 신화의 서사 구조	자청비 신화의 문학적 특징과 여성 영웅의 위상을 탐구한다.
	화법과 작문	구술 전승과 기록 비교	제주 구비 문학으로써 자청비 신화의 구술적 특징을 이해하고 재구술해 본다.
	윤리	성평등과 공동체 가치	자청비 신화를 통해 성평등, 도전 정신, 공동체적 협력의 가치를 성찰해 본다.

3부. 운명을 넘어 신이 된 영웅들

● 믿음으로 역경을 극복한 황우양씨와 막막부인 편

학년	교과목	연계 내용	학습 목표
초5	국어	타당성을 생각하며 독서토론 하기	신화 속 등장인물들의 상황과 행동을 통해 그들의 행동에 대해 근거를 들어 토론한다.
	도덕	갈등을 해결하는 지혜	신화 속 인물들이 세상을 이해하고 설명하는 방식을 통해 신화의 상징적 의미를 파악하고 지혜롭게 갈등을 해결하는 법을 살펴본다.
중1	국어	갈등과 문제 해결, 핵심 찾고 주장하기	신화 속 갈등을 해결하는 방법에 대해 토론해 보고 핵심을 찾아 주장하는 글쓰기를 한다.
중2	도덕	추구하는 가치와 도덕적 의미	황우양씨와 막막부인 신화 속 부부 관계 역할을 통해 중요한 가치를 알아 본다.
중3	문학	구비 문학 단원 (신화, 전설, 민담)	황우양씨와 막막부인 신화의 서사 구조와 상징성을 분석하여 한국 신화의 세계관을 이해한다.
고	윤리	생명과 윤리, 죽음과 삶의 의미	출생의 의미와 삶의 가치를 통해 현대 사회에서의 생명 윤리 문제(안락사, 장례 문화 등)를 성찰한다.

● **가정의 안녕과 평화를 지키는 문전신 편**

학년	교과목	연계 내용	학습 목표
초6	국어	타당한 근거로 글을 써요	판결문을 작성하면서 타당한 근거를 들어 자기 생각을 정리한다.
초등	범교과	안전 교육	현대 사회에 안전을 지키기 위해 어떤 신이 필요한지 상상하고, 이를 토대로 우리에게 필요한 생활 규칙을 찾는다.
중2	도덕	도덕적인 사람	도덕적 원리를 기준으로 옳고 그름을 어떻게 분별해야 하는지 생각해 본다.
		가정 윤리	가족의 생성과 가족 간 다양한 갈등의 원인을 파악하고, 존중하는 가족 관계를 모색한다.
고	한국 지리	거주 공간의 변화와 지역 개발	주거 공간이 변화하는 이유를 사회적·지리적 요소를 고려하여 정리한다.

● **인간의 생명을 관장하는 할락궁이 편**

학년	교과목	연계 내용	학습 목표
초6	국어	타당한 근거로 글을 써요	'미래의 행복을 위해 현재의 행복을 포기해야 한다'는 논제에 주장, 이유, 근거를 들어 내용을 구성한다.
	도덕	나를 돌아보는 생활	다양한 사자성어와 인물을 살펴보고 행복하기 위해 필요한 것은 무엇인지 생각해 본다.
중1	도덕	행복	행복의 의미를 파악하고 삶의 목적과 행복의 관계를 정립한다.
중2	도덕	직업 윤리	삶에서 직업이 갖는 의미와 가치를 파악한다.
고	윤리	사회와 윤리	직업이 공동체적 가치와 조화를 이룰 수 있다는 점을 이해한다.

● 삶의 터전에 의미를 부여하는 궤네깃또 편

학년	교과목	연계 내용	학습 목표
초3	사회	우리 동네, 살기 좋은 곳	우리 주변을 관찰하고 탐구하여 지역의 역사를 이해한다.
초6	국어	짜임새 있게 구성해요.	자료를 조사하고 활용하여 우리 지역의 특색을 효과적으로 전달하는 글을 작성한다.
중1	국어	갈등에서 소통으로	갈등의 개념과 다양한 갈등 상황을 분석하여 이를 토대로 이야기를 구성한다.
고	통합 사회1	다문화 사회의 갈등과 해결 방안	다양한 문화의 차이를 이해하고 다문화 시민성을 함양한다.
		문화 상대주의와 절대주의	지리적 개념과 관점을 활용하여 기후와 인간 생활과의 관계를 탐색한다.

4부. 인간의 생로병사를 관장하는 신들

● 저승 차사가 된 강림도령 편

학년	교과목	연계 내용	학습 목표
초6	국어	• 이야기의 요소(인물, 배경, 사건) 이해하기 • 옛이야기의 교훈 이해하기	옛이야기의 구조와 사건의 의미를 이해하고, 이야기가 주는 교훈을 파악한다.
중1~3	국어	• 문학의 갈래 • 이야기 구조의 이해 (사건과 사건의 연결)	사건과 사건의 인과 관계를 이해하고 서사 구조의 인과 관계를 이해한다.
중2~3	도덕 역사	• 생명 존중 • 장례 풍습과 사후 세계에 관한 인식 • 불교적 윤회관	삶과 죽음에 관한 다양한 생각을 이해하고 종교가 삶에 미치는 영향을 생각해 본다.

학년	교과목	연계 내용	학습 목표
고	국어 윤리와 사상	• 구비 문학의 이해 • 동양의 윤리 사상 이해 • 무속 신앙과 제의	사회 변천 과정에서 신화의 기능과 사후 세계에 관한 생각의 변화를 탐구한다.
	윤리	• 죽음, 장례, 저승에 관한 철학적 성찰과 문화적 다양성	죽음에 관한 담론을 탐구하고 윤리적, 철학적 관점에서 신화를 해석할 수 있다.

● 손님을 대접하는 마음 마마신 편

학년	교과목	연계 내용	학습 목표
초3	국어	일이 일어난 까닭	문제의 원인과 결과를 파악하여 이야기의 주제를 파악할 수 있다.
중1	국어	보고하는 글	다양한 자료를 활용하여 효과적으로 정보를 전달할 수 있다.
	도덕	타인과의 관계	배려와 감사, 존중 등 도덕적 문제 상황에서 공감을 통해 문제를 해결할 수 있는 방법을 찾고, 도덕적 관계를 맺을 수 있는 방안을 탐색한다.
중2	도덕	자연과 인간의 바람직한 관계	인간과 자연이 공생 관계라는 것을 이해하고, 동물 살처분 문제를 비판적으로 생각한다.
고	생활과 윤리	생명 윤리	시대나 사회에 따라 동물의 권리가 어떻게 다른지 파악하고, 윤리적 관점에서 동물 권리에 대해 생각한다.

● **이웃처럼 친근한 우리 도깨비 편**

학년	교과목	연계 내용	학습 목표
초4	국어	• 사실과 의견의 차이 • 내가 만든 이야기 • 이야기 구성 요소 알기	옛이야기 속 도깨비가 등장하는 다양한 이야기들을 알고, 도깨비 이야기를 만들 수 있다.
중1~3	국어	• 옛이야기의 즐거움 • 옛이야기 속 인물 탐구 • 옛이야기 구조의 이해	상상 속 존재인 도깨비의 역할과 옛 문화 속 도깨비 이야기의 의미를 이해한다.
중2~3	사회 역사	• 도깨비 신앙의 민속적 전승 • 벽사(액운을 막음), 길상(좋은 운을 가져옴)의 이해	벽사 신앙과 길상의 신앙을 이해하고 이야기 속에 담긴 민간 신앙을 이해한다.
고	사회 철학	• 도깨비 설화의 허점 • 인간의 한계 • 힘의 올바른 사용	한국 신화의 사회 문화적 변천과 민간 신앙을 이해한다.
	윤리	• 악귀, 벽사 신앙의 윤리적 의미 • 선과 악의 구분, 가치관의 변화	민간 신앙의 윤리적, 철학적 의의와 인간 사회의 가치 변화를 분석할 수 있다.

한국독서문화연구소 신화 연구팀이 선정한
함께 읽으면 좋은 책 58선

❀ ❀ ❀

우리 신화의 원형이 훼손되지 않고 독자층에 맞게 이야기가 잘 전달되고 있는지를 중요하게 살펴보았습니다. 개작된 작품은 신화에 담겨진 가치를 현대적 가치에 맞추어 재생산했는가에 관해 고민하며 선택했습니다.

세상이 처음 생겨난 이야기 창세가
《우리 신화로 만나는 처음 세상이야기》 서정오 글, 허구 그림, 토토북

저승과 이승을 다스리는 대별왕과 소별왕
《창조의 신 소별왕 대별왕》 신동흔 글, 오승민 그림, 한겨레아이들

제주를 지키는 설문대 할망
《설문대 할망》 임어진 엮음, 편형규 그림, 해와나무

저승 가는 길을 위로해 주는 바리데기
《바리공주》 최창숙 글, 이현아 그림, 대교출판
《야야 내 딸이야 버린 딸 바리데기야》 신동흔 풀어씀, 조원희 그림, 나라말
《바리데기 당금애기》 김효정 글, 이인숙 그림, 계림
《영혼의 수호신 바리공주》 백승남 글, 류준화 그림, 한겨레 아이들
《바리공주》 김승희 글, 최정인 그림, 비룡소
《바리공주의 모험》 모공회 글, 아노돈 미디어
《바리데기》 황석영 글, 창비

세 아들을 신으로 키워낸 당금애기
《바리데기 당금애기》 김효정 글, 계림
《바리데기와 당금애기》 전연주 글, 주니어 김영사

《당금애기 : 탄생의 신 당금애기라》 김예선 글, 나라말
《당금애기 바리데기》 최원오 글, 현암사
《소별왕 대별왕· 당금애기》 문명식 글, 한겨레 아이들

인간과 신의 대결 삼승할망 저승할망
《아기를 주시는 삼신할머니》 편해문 글, 노은정 그림, 소나무
《삼신할머니 저승할머니》 초록인 글, 오진욱 그림, 교학사
《삼신할미》 서종오 글, 봄봄출판사
《삼신할머니와 아이들》 정하섭 글, 조혜란 그림, 창비

나의 운명은 나의 것 가믄장아기
《감은장아기》 서정오 글, 한태희 그림, 봄봄출판사
《운명을 바꾼 가믄장아기》 이상교 글, 이은주 그림, 국민서관
《내 복에 산다 감은장아기》 최정원 글, 김호랑 그림, 함께자람
《조근조근 제주신화 3》 강순희·여연 글, 지노
《자청비 가믄장아기 백주또 : 제주신화 그리고 여성》 김정숙 글, 각

시간을 흐르게 한 사계절의 신 오늘이
《오늘이》 정하섭 글, 윤정주 그림, 웅진주니어
《사계절의 신 오늘이》 유영소 글, 한태희 그림, 한겨레아이들
《오늘이 : 서정오 선생님이 들려주는 우리 신화》 서정오 글, 조수진 그림, 봄봄출판사
《오늘이 : 아동문학가 송재찬 선생님이 다시 쓴 우리 신화》 송재찬 글, 영림카디널

사랑과 인내로 농사를 다스리는 자청비
《농사와 사랑의 여신 자청비》 임정자 글, 최현묵 그림, 한겨레아이들
《자청비(칼 선 다리 건너 세상 농사 돌보니)》 조현설 글, 이선주 그림, 휴머니스트
《문도령과 정수남을 둘 다 사랑한 자청비》 편해문 글, 노은정 그림, 소나무

믿음으로 역경을 극복한 황우양씨와 막막부인
《서사무가》 임성자 글, 이윤마 그림, 웅진주니어
《황우양씨 막막부인》 김은하·정출헌 글, 한겨레신문사

가정의 안녕과 평화를 지키는 문전신
《신과함께》 주호민 글·그림, 애니북스
《할로영상》 이석범 글, 황금알

《서사무가》임정자 글, 웅진주니어

인간의 생명을 관장하는 할락궁이
《신과 함께》주호민 글·그림, 애니북스
《할로영상》이석범 글, 황금알
《부키 아저씨가 죽었어요》헤롤드 커랜더 글, 한솔교육

삶의 터전에 의미를 부여하는 궤네깃또
《할로영상》이석범 글, 황금알
《강림도령 궤네깃또》송언 글, 한겨레신문사
《호두나무 왼쪽길로2》박흥용 글, 황매
《문학 속의 지리 이야기》조지욱 글, 사계절

저승 차사가 된 강림도령
《강림도령》이용포 글, 배종숙 그림, 웅진주니어
《염라국 저승사자 강림도령》송언 글, 정문주 그림, 한겨레아이들
《저승사자가 된 강림도령》송언 글, 정보영 그림, 한림출판사
《저승사자 강림도령》홍승우 글·그림, 한겨레아이들

손님을 대접하는 마음 마마신
《마마신 손님네》이상교 글, 한림출판사
《알고 싶은 우리 옛 그림》최석조 글, 아트북스
《우리가 정말 알아야 할 우리 신화》서정오 글, 현암사
《한국신화》이경덕 글, 현문미디어

이웃처럼 친근한 우리 도깨비
《황소와 도깨비》이상 글, 한병호 그림, 다림
《깜박깜박 도깨비》권문희 글, 사계절
《도깨비와 범벅 장수》이상교 글, 한병호 그림, 국민서관
《누군 누구야 도깨비지》조호상 글, 정병식 그림, 한겨레아이들
《도깨비 손님》이혜숙 글, 정경심 그림, 창비
《신통방통 도깨비》서정오 글, 김환영 그림, 보리
《도깨비, 잃어버린 우리의 신》김종대 글, 인문서원

참고 자료

저서

《살아 있는 우리 신화》 신동흔, 한겨레신문사(2004)

《신과 함께》 주호민, 애니북스(2017)

《심리학이 만난 우리 신화 : 당신들이 나의 신이다》 이나미, 이랑(2016)

《왜 우리 신화인가》 김재용 이종주 공저, 동아시아(2004)

《우리 신화의 수수께끼》 조현설, 한겨레출판(2013)

《우리가 정말 알아야 할 우리 신화》 서정오, 현암사(2003)

《이야기 한국신화》 김익두, 한국문화사(2007)

《제주도 신화의 수수께끼》 현용준, 집문당(2007)

《태초에 할망이 있었다》 고혜경, 한겨레출판(2010)

《한국신화, 그 매혹의 스토리텔링》 김열규, 한울(2013)

《한국신화의 비밀》 조철수, 김영사(2003)

《한국의 고전을 읽는다 1》 김명호 등, 휴머니스트(2006)

《한국의 창세신화》 김헌선, 길벗(1994)

《Basic 고교생을 위한 문학용어사전》 구인환 저, 신원문화사(2006)

논문

구연상, 〈악의 전통적 개념에 대한 우리말 뜻매김〉, 현대유럽철학연구

부영란, 〈제주신화의 구조에 나타난 상징체계와 의미 분석〉, 한국교원대학교

양영수, 〈제주신화에 나타난 여성성의 특징들〉, 탐라문화

이두현, 〈마마배송굿〉, 한국문화인류학

사이트

네이버 지식백과 https://terms.naver.com

한국콘텐츠진흥원 문화콘텐츠닷컴 https://www.kocca.kr

기사

〈돈 많다고 행복? 일정 소득 넘으면 행복감은 제자리〉, 중앙일보, https://bit.ly/2wBJInS

〈우리에게 진짜 필요한 것은 관심과 사랑〉, 시선뉴스, https://bit.ly/2Z9664i

〈행복은 기쁨의 강도가 아니라 빈도다〉, 조선일보, https://bit.ly/2vixlNk